読むだけで神になれる本

日本ペンクラブ（国際ペン）正会員
日本文藝家協会正会員
林 雄介

青林堂

はじめに

この本を読んで、実践すればあなたも神様や仏様、天使になれると言われたら、信じますか？

私の開運シリーズもおかげ様で5冊目になり、たくさんの読者からお手紙をいただきます。私の悪霊祓い《あくりょうばら》い（無料）を受けた後で肩凝《こ》りや腰痛がいきなり治ったという感想や、余命《よめい》宣告を受けた病気が治ったという御礼も届いています。もちろん、心理学的には暗示で病気が治ることもあります。私はもともと心理学者を目指していたので、暗示だろうが、神仏の力だろうが、読者の病気が治ればそれで良いと思っています。

けれど、私の本を読んだ人が、本に書いてある通りに行動した結果、奇跡が起こっていることだけは間違いがないのです。

では、奇跡が起こるメカニズムはどうなっているのでしょうか？　あなたの魂には宇宙や神仏、人間を作った宇宙創造の絶対神の魂のコピーである神魂《しんこん》、分魂《ぶんこん》が入っています。仏教の修行で、人間が悟《さと》って仏になれる理由も人間の中に宇宙創造の絶対神のコピーの神魂が入っているからです。人間は絶対神のコピーなのです。この絶対神のコピーを仏教では、仏の源という意味で仏性《ぶっしょう》と呼んでいます。

けれど、人は無条件に神や仏になることは出来ません。絶対神の神魂は、人間としてあなたが学び、経験を積まなければ力を発揮することは出来ないのです。**あなたは、魂のレベルを上げて神仏になるために地上に生まれてきたのです。**

この20年でスピリチュアルが日本でも普及しました。歴史的には、英国では産業革命が衰退《すいたい》しはじめた頃にスピリチュアルが流行しています。宗教やスピリチュアルが流行するのは、政治的、経済的に行き詰まっている時なので、あまり望ましいことではありません。

現在、スピリチュアルが流行しているのは社会不安や格差拡大が元凶《げんきょう》ではないでしょうか。**私はスピリチュアルを現実逃避の道具に使うのではなく、現実世界を力強く生きる**

ために活用して欲しいと思っています。

とはいえ、魂のランクを上げるために、地上で生活していくにはお金が必要です。そこで、魂のランクアップの方法と同時に、受験や恋愛成就、金運アップのように俗物的な現《げん》世利益《せりやく》を叶える方法もこの本では説明します。

密教の祖、空海は即身成仏《そくしんじょうぶつ》して宇宙仏になりました。太宰府天満宮や全国の天神社《てんじんしゃ》でお祀りされている菅原道真公も天神になりました。中国の仙人の列子《れっし》や修験道の祖、役行者も空を飛ぶことが出来たと歴史書に記録されています。人間は、ランクアップすれば神仏になれるのです。

お寺で除夜《じょや》の鐘をつき、神社で初詣、古代ローマの太陽神ミトラの誕生祭のクリスマスを祝うにもかかわらず、無宗教だと言い張る人が大多数の日本人です。私は、それが日本人らしくて良いと思っています。

この本には、お気楽な神頼みの方法が書いてあるので、お気楽に神頼みをしてください。

世の中には、人間は努力をすれば報われるとか、自分はやれば出来ると言う人がいます。けれど、努力が報われるのは運が良い人だけです。**運が悪い人は努力をしても報われませ**

ん。また、努力するのが難しくなるようなろくでもない親や劣悪な友人に囲まれた環境に生まれてきます。この悪循環を断《た》ち切らなければ、あなたは永遠に幸せになることは出来ません。では、どうしたらあなたは幸せな人になれるのでしょうか？

青林堂から『大開運』、『大幸運』、『あなたもなれるライト・スピリチュアリスト入門』、『先祖供養で運勢アップ！』の4冊を出版してから、多くの相談が寄せられました。相談の共通点は、「**当たり前の幸せな生活をどうしたら送れますか？**」です。

この数十年で、正社員として就職して、結婚して子供を生んで育てるという、一昔前《ひとむかしまえ》までは、当たり前だった幸せが当たり前に手に入らなくなりました。

こんな時代だからこそ、努力にプラスして神仏の強い加護《かご》を受け、強運に、幸せになる必要があるのです。それが、**当たり前の幸せな生活という難易度が高い願いを叶える秘訣《ひけつ》なのです**。

そして、幸せな状態を長続きさせるには、スキルアップが大切です。

この本を読んで、神仏や守護霊に祈れば、守護霊が守護してくれるので良いことがたくさん起こります。けれど、祈るだけで幸せになれるのなら、誰も努力しなくなるので、途中でどんなに祈っても良いことが起こらなくなるのです。

スピリチュアルや宗教、霊能力は、人が幸せになるための一手段です。

神頼みは、あなたの正しい努力があってはじめて永続性がある開運法となるのです。一流の学校に入りたいのであれば、勉強をしてください。最初に過去問を解きます。そして、薄い参考書を読み、大まかに出題分野を理解します。これが効率的な勉強法です。その上で、あなたを守護している守護霊に祈り、受験に強い天神様《てんじんさま》、普賢菩薩《ふげんぼさつ》、文殊菩薩《もんじゅぼさつ》、根性を与える不動明王《ふどうみょうおう》、人生の進路を示す天照大御神《あまてらすおおみかみ》や猿田彦大神《さるたひこのおおかみ》に祈ります。**努力しつつ、きっちり神仏や守護霊に守護してもらって運が悪い人でも努力が報いられるようにして、魂もランクアップさせ神仏を目指しましょうというのが、この本のエッセンスです。**

そうすれば、優秀な先生、素晴らしい参考書、ベストな勉強法、聡明な友人との縁が強力に結ばれ、あなたが一番幸せになる進路に進むことが出来るのです。

また、神頼みにはコツがあります。病気治しは薬師如来《やくしにょらい》、出世祈願は大黒天《だいこくてん》、縁結びは、伊邪那岐大神《いざなぎのおおかみ》と伊邪那美大神《いざなみのおおかみ》というように、その分野ごとに得意な神仏がいます。**その神仏に頼むのが願望成就の秘訣《ひけつ》です。**

ところで、なぜ今、私がこうした開運本を書きはじめたのでしょうか？　それは、今後、大震災や未知の疫病《えきびょう》、さらなる格差拡大、大きな戦争等が起こるからです。**もし、明日、**

いきなりあなたが死んだら、あなたは成仏《じょうぶつ》できますか？　生涯独身者も増え、孤独死《こどくし》に怯《おび》える読者も多くいます。死んだら、どうしたら良いのか。あの世はどうなっているのか。どうやったら自分で成仏できるのか。

死後の世界、生まれ変わりの話、霊界の話もしておく必要があると感じました。繰り返しますが、**幸せになるのは、難しいことではありません。いつも幸せであると自己暗示をかけ、勉強して努力して、神仏と守護霊に毎日、祈れば誰でも幸せになれるのです。**

この本は、神仏を使いこなす秘伝を公開しています。また、老後の生活の心配等をしている読者も多いので、財布の金運パワーを取り戻す秘伝、使えば使うほどお金に愛される秘伝等、誰にでもできる開運秘伝も満載《まんさい》です。ぜひ、この本を読み宇宙一強運かつ幸せな人間になってください。

令和5年

林　雄介

目次

○悪い未来を書き換えよう
○不幸体質を卒業しよう
○感謝の習慣が幸せを引き寄せる
○蓄財勉強法で大富豪になれる
○不合格霊界に打ち勝つ天神
○金運が欲しければ新品の財布を買え
○運気の無駄遣いをするな
○幸せ霊界を創り出せ
○大金持ちになれる魔法の言魂《ことたま》
○あなたも簡単に幸せになれる
○誰でもヒルズ族になれる
○善徳を増やせる神霊開運術
○生まれ変わりの秘密と前世鑑定
○ネバー・ギブアップの精神で運命改善
○人間の能力差が出来た真相
○幸せには3つの種類がある

第2章　幸せなセレブになれる願望成就法　53

◯札束《さつたば》の写真を持ち歩こう
◯すぐにお金が増えていく秘伝
◯ゴージャスな生活を叶えよう
◯セレブ霊界を引き込む秘伝
◯愚痴《ぐち》、不平、不満は悪運を呼び込む
◯自分より運が悪い人と交流しない
◯あなたが欲しい運を貫う方法
◯趣味で開運する秘伝
◯大物との交際は礼儀が大切
◯人付き合い改善の秘伝
◯魂をワクワクさせよう
◯誰でも創作活動を楽しむ秘訣《ひけつ》
◯異性を美化《びか》しない
◯グルメはモテる
◯異性の好みは因縁で変わる
◯ガチで重い悪因縁の究極の判別法
◯今世と来世で立場は逆転する
◯超開運するスマホの待ちうけ

第6章　神仏をパワーアップさせる秘伝

○摩利支天《まりしてん》の本当の働き
○三面出世大黒天と弁財天の大繁栄秘伝
○ご利益別神仏紹介
○大国主大神《おおくにぬしのおおかみ》の万能の働き
○人間がしつこく頼まないと神仏は守護しない
○縁を結ぶのは守護霊
○守護霊を動かす秘伝
○県民性は産土《うぶすな》パワー
○インド式開運術や道教の弊害《へいがい》
○あなたにふさわしい神仏が守護をする
○神仏習合《しんぶつしゅうごう》が強運の秘訣《ひけつ》
○日本神界に来ると神仏は穏やかな性格になる
○北辰《ほくしん》の神が運命の神
○弥勒菩薩《みろくぼさつ》は人生を導く
○夫婦関係改善の祈り方
○強運になれば人を助けることが出来る

○林雄介による特別大開運祈祷、悪霊祓い修法（応募者全員プレゼント）＆相談券読者プレゼント

第１章

あなたを強運にするウルトラ開運秘伝

○あなたのビジョンは何ですか？

あなたの夢は何ですか？　空白部分に書き込んでみてください。

私の夢は、（　　　　　　　　　　　　　　　　）です。

この問いに答えることが出来た人は幸せな人です。

なぜ、東大生は官僚になるのでしょうか。それは同級生や先輩が官僚になるから、なんとなく官僚になるのです。難関大卒の官僚ですら、**大多数の人が明確な将来のビジョンを持っていないのです。**

○自分探しで迷子になるな

一流大学を出て超有名大企業に入社しても、すぐに退社して自分探しをするために世界放浪《ほうろう》の旅に出る人もいます。一流大学、一流企業に入ってもすぐに辞めてしまう人も多いのです。

あなたは、自分の夢を見つけることが出来た時に魂が満《み》たされ、本当に幸せになることが出来ます。

自己啓発《けいはつ》書を読むと、「自分の夢を叶えましょう。自分の好きなことを仕事にすれば、幸せになれます」と書いてあります。

こうした自己啓発書を読み、世界放浪の旅に出かけたり、インドに行く人がいます。

今の仕事が自分には向いていないと考えはじめるのが社会人になってから、3年目～5年目です。男女とも25歳～28歳で自分探しをはじめます。なぜ、自分は生まれてきたのかと天命《てんめい》やソウルメイトを探すのです。しかし、人には大まかな天命はあっても、細かい運命までは決まっていません。神様は、人間に自由に生きて欲しいと思っているので、特定の職業を天職《てんしょく》として与えません。結婚相手の候補者は何人かいますが、誰と結婚しても神様は気にしません。地球上には、80億人の人間がいます。いちいち、神様が80億人の進学、就職、結婚相手の管理まで出来ません。

あなたが幸せに生きることが出来るなら、何をやってもそれが天命・天職なのです。

○運命を変えれば幸せになれる

自己啓発書やスピリチュアル本には、「**ありのままのあなたを受け入れましょう**」と書かれています。

けれど、不幸な人がありのままの自分を受け入れ続けることが出来るでしょうか。ありのままに貧乏、結婚できない、病気、こうした苦しみを受け入れることが本当に幸せなことなのでしょうか。貧乏なら収入を増やせば良いのです。病気を治せば良いのです。結婚すれば良いのです。密教や南無妙法蓮華経《なむみょうほうれんげきょう》の呪文は、こうした不幸を改善するために平安時代から鎌倉時代に生み出された開運法です。

この本は、ライト・スピリチュアルの教科書です。宗教に入信したくないけれど、奇跡を体験したいご都合主義の現代人のための本です。

あなたの運命は変えられます。どうやって変えるのか？　それは神仏と守護霊に命懸《いのちが》けで祈るのです。

神仏に祈って運命を改善し、ありのままの不幸な自分を受け入れず、幸せになれば良い

のです。

○総産土神社の神に頼めば幸せになる

では、どの神仏に祈ればいいのでしょうか。まず、あなたが住んでいるエリアで一番、パワーのある神社に参拝することが重要です。このエリアで**一番パワーがある神社を私は総産土《そううぶすな》神社と名付けました。**

総産土神社は、首都圏なら埼玉県の三峯神社《みつみねじんじゃ》、長野県の諏訪大社《すわたいしゃ》、千葉県の香取神宮《かとりじんぐう》等です。関西なら、奈良県の大神神社《おおみわじんじゃ》等が総産土神社です。

都道府県には、地域で一番格式が高い一宮《いちのみや》があります。また、皆さんのご近所にも神社やお寺があります。そうした神社やお寺にも、神仏はいます。**しかし、あなたの運命を変えるほどのパワーがない神仏もいます。**

また、学問の神様の天神様に商売繁盛《しょうばいはんじょう》を頼んでも、天神様も困ります。天神様も病気治しや商売繁盛のご利益を与えることは出来ます。けれど、得意分野の学問成就のお願いに来て欲しいのです。

仏様も、お経には何十個も功徳《くどく》が載っています。阿弥陀如来《あみだにょらい》も、極楽浄土《ごくらくじょうど》に連れていく功徳以外に、全ての人々に神通力《じんつうりき》を与えたり、その人が欲しい服を与えるという功徳があります。降魔調伏《ごうまちょうぶく》が専門の不動明王に極楽浄土に連れて行ってくださいと真剣に頼めば、連れて行ってくれます。しかし、一番、極楽浄土に連れて行くのが得意な仏様は、阿弥陀如来なのです。

神頼みの秘訣《ひけつ》は、どの神仏にどの願いを頼むと効果があるのかを知ることです。

○正しい産土神社参拝の方法

産土神社《うぶすなじんじゃ》は、あなたの住んでいる地域を守護する神社です。地域ごとに産土神社は決まっています。けれど、人々の神を敬《うやま》う心が弱まり、神様が神社に降臨《こうりん》していないことも多いのです。江戸時代には、日本全国に数十万の神社があり、収穫祭りが日本中で行われ、熱心に人々が崇敬《すうけい》していたので全ての神社に力のある神様がいました。けれど、現在は、近代化や戦後教育で人々の神様への崇敬心《すうけいしん》が弱まり、神社の神様のパワーが弱くなっているのです。

そこで、守護霊《しゅごれい》に頼むのです。**守護霊は、あなたの先祖の中の超エリートの高級先祖霊です。**高僧や多くの人々を幸せにした政財界人等が守護霊をやっています。

守護霊に、「この地域を担当する産土神社の神様によろしくお伝えください」と頼みましょう。守護霊なら、神様がいる神社がわかるのであなたのかわりに神頼みに行ってくれるのです。

○夢をたくさん持てば幸せになれる

多くの人が、1つのことをやり続けることが正しいという間違った思い込みを持っています。1つのことをやり続けることが、成功の秘訣《ひけつ》ではありません。

社会に評価されるレベルまでスキルを磨《みが》くことが成功する秘訣《ひけつ》です。1つも評価されないのに、別のことに手を出すなということです。

それさえわかっていれば、夢や目標をたくさん持っている人の方が幸せになれるのです。夢や目標、希望は、新しく創《つく》り続けることが大切です。夢や目標は失敗すると消えていきます。

どうすれば、失敗や挫折《ざせつ》をしても夢や希望を創り続けることが出来るのでしょうか？

プラスのエネルギーが補給《ほきゅう》できる総産土神社で祈るのです。明るく前向きな閃《ひらめ》きは、努力している人間に神様が与えてくれるご褒美《ほうび》です。

そして、とりあえず努力をしてください。もし、あなたにスポーツ選手や歌手になりたいといった具体的な夢や目標があるのなら、文字魂《もじたま》によるスピリチュアルな願望実現化のために、その夢をノートにメモしましょう。

○紙に書いて文字魂《もじたま》パワーで願望成就

好きなことも、やりたいことも、生きがいも、思いついたものはメモしてください。

文字には、文字魂《もじたま》パワーがあります。**紙に書けば、現実世界で実現化する速度が速くな**

るのです。文字に宿《やど》る文字魂、言葉に宿る言魂《ことたま》、音に宿る音魂《おとたま》、数に宿る数魂《かずたま》を使いこなせば、どんなことでも実現成就するのです。「私の夢は○○です」と念じながら紙に書けば文字魂になります。その文章を真剣に感情を込めて読み上げると音魂が働き、言魂になります。文字魂は、PCではなく直筆で紙に書いてください。あなた自身の直筆に文字魂が宿るからです。文字魂、音魂、言魂、数魂は、感情を込めて真剣に念じなければ霊的なパワーが出ません。

欧米の願望実現本には、「願望を書き出せば実現する」と書かれています。けれど、その理由を説明してある本がありません。文字魂、言魂の知識がないからです。

どんな願望も10年間、努力を継続して、待てば成就するチャンスがやってきます。あなた自身だけの利益になるエゴの願望でなく、あなたも他人もハッピーになる願望であれば、10年間待てば、必ずチャンスがやってくるのです。

○婚活は10年計画で最良の相手を引き寄せる

婚活も、10年計画でやれば最良の相手が見つかります。あなたが30歳で結婚したいと思うのであれば、20歳から結婚の準備をはじめるのです。

女性が希望する結婚相手の年収は５００万円以上の安定収入というアンケート結果があります。しかし、そうした出会いは簡単には訪れません。どうすれば、最良の出会いの場を神仏や守護霊が準備できるのでしょうか。

人生の分かれ目は、受験と就職です。良い男、良い女は、良い学校と良い職場にいるのです。優良物件は他の人より早くゲットしなければすぐに売り切れます。

上質な出会いが増える学校と職場に進むことが大切なのです。平均賃金が高い学校に進学すれば、年収５００万円以上の安定収入がある仕事に就く可能性が高い学生がたくさんいます。もし、優秀な学校を出ていなければ、社会人入試や学士入学、通信教育で別の大学に進学しましょう。

社会人が学び直すのは、大変です。**神仏や守護霊も、大変なことをしているなあと感動して、最良のパートナーを探してくれます**。神仏や守護霊が大変な苦労と努力をしていると感動するようなことをしなければ、不可能を可能にするような奇跡は起こらないのです。

○普通の幸せを手に入れるには？

あなたが望む普通の幸せは、現代では無理ゲーです。まず、平均年収500万円以上の異性との結婚のように、夢自体があなたのスペックから考えると高望みしすぎです。

次に、普通のハードルが上がりました。日本人の一番多い年収は360万円程度です。また、普通の男性の年収は350万円、女性は270万円ともいわれています。日本人の50歳の生涯未婚《みこん》率は男性が25%、女性が14%です。そして、34歳までの男性の7割、女性の6割に交際相手がいません。

数十年前、一億総中流と言われていた時代がありました。けれど、現在は格差社会です。**普通に幸せにしてくださいと祈ると、神仏は「年収は男性なら300万円台、恋人なし」が普通に幸せな人生と考えます。**

そこで、神仏に祈るときは、「結婚したら世帯年収は手取り1千万円で、首都圏に5千万円の3LDKのマンションを買って、子供は2人で90歳まで生きて、老後の蓄えは3千万円以上でお願いいたします」と細かく丁寧《ていねい》に図々しく説明するのです。

神仏も守護霊も細かく説明しなければ願い事の意味を正しく把握《はあく》出来ません。

神仏や守護霊は、あなたのプライバシーを尊重してあなたの考えていることをテレパシーで読み取りません。紙に目標や夢を書いて読み上げることで、守護霊は、あなたが何を願い、何をしたいのかを理解するのです。

○年収倍増の神頼みの秘訣《ひけつ》

「○○神社の大神様、守護霊様、非常に図々しいお願いでございますが、私は○○大学を出ておりまして、○○大学の平均年収は400万円と聞いておりますが、600万円以上の年収がいただけますように、よろしくお願いいたします」と祈りましょう。

東大、京大、旧帝大、早慶の上位学部、一橋、東工大クラスなら年収1500万円以上、手取りで世帯年収2千万円以上と祈ってください。偏差値×10倍に万円をつけた金額までなら、ギリギリ神仏は聞いてくれます。偏差値55なら550万円です。

さらに、550万円を1・5倍にして825万円で神仏と交渉することが大切です。偏

差値が40でも年収600万円で交渉できるのです。現実的には、難関大学で高収入といえるのは世帯年収2千万円以上なので、税引き前ではなく、税引き後の世帯年収2千万円以上で神仏と交渉しましょう。

数魂《かずたま》は、数字を入れて神仏や守護霊に祈ると霊力が発揮されます。ユダヤ人は、カバラで数魂を使っているのでお金持ちが多いのです。数魂の基本は、統計データを使って具体的に神仏に祈るスキルです。

また、「非常に図々しいお願いですが」という枕詞《まくらことば》も大切です。日本人の平均年収の約2倍の年収をお願いしているので、相当、図々しい願いです。これが、言魂の基本です。言魂とは神仏や人間が納得するように説明する表現力のスキルなのです。

引き寄せの法則やお金儲け系の自己啓発書では、「お金は楽に稼げる」と書いてありますが嘘です。イメージすれば、ある程度は楽にお金を手に入れることは出来ます。けれど、現金化する時にあなたの大切な運を使います。運を使えば、他の幸せが奪われます。また、死後や来世の生活が超ハードになるのです。楽してお金持ちになれる系の本を読んで、なぜ、あなたがお金持ちになれないのかを疑問に感じませんか？　守護霊が、あなたの死後の霊界生活と来世の人生が不幸にならないように、全力で運気を奪う願望成就を止めてくれていたからです。**楽して稼げる系で本当に成功している人がいるのなら、その人は魔物に憑依《ひょうい》され、守護霊が逃げています。**魔物に憑依された人は、成功しているようでも、晩年に不幸になり、子孫はもっと不幸になるのです。

○爪は宇宙の幸運パワーの受信装置

人間の身体には、チャクラのように神仏と繋《つな》がるパイプがあります。爪も天界からプラスの幸運エネルギーを吸収するアンテナになっています。

爪を伸ばしすぎず、不衛生にしないことが開運の秘訣《ひけつ》です。**人間の身体は全て天界からのエネルギーの受信装置になっているので、入浴し清潔にして、身体を清めて天界からの開運エネルギーをたくさん受け取れるようにすると幸せになれるのです。**

特に清潔にしたほうが開運エネルギーをたくさんもらえる場所は、**頭のてっぺん、首の付け根、尾てい骨、丹田《たんでん》のまわり、手足です。**

身体も清潔にして、生活空間も掃除をして清めることで神仏が守護するようになり幸せになれるのです。

○格差社会でリッチに生きる秘訣《ひけつ》

将来的には、社会福祉は縮小されるはずです。**ですから、お金は大事です。そして、お金そのものより、お金を稼ぐ能力、お金を稼ぐ善徳《ぜんとく》、お金を稼ぐ神仏の知識が大事なのです。**

私のロングセラーの『絶対スキルアップする公務員の勉強法』（林雄介、ぎょうせい）等で書けなかった真の開運秘伝は、換金《かんきん》可能な善徳《ぜんとく》、幸せポイントや神仏、守護霊の話です。現実的な努力を抜きにして、神仏や守護霊があなたを守護することはありません。しかし、どれほど努力をしても報《むく》われない人はたくさんいます。

それは、あなたが成功して幸せになるために必要な善徳、幸せポイントが足らないからです。逆に、**神仏、守護霊に好かれ、大量に善徳があれば何をやっても成功して幸せにな**

れるのです。

○悪い未来を書き換えよう

天界には、いくつもの人類の未来が用意されています。**人類が大繁栄する未来も、人類が滅亡する未来も用意してあります。**天界には、あなたの運命予定表もあります。神仏や守護霊はあなたの運命予定表を見ることが出来ます。この運命予定表は、良い運命も悪い運命も今のままなら起こり得る高い可能性です。

悪い運命は、良い未来に書き換えていくのが、正しい生き方です。あなたの運命を変えることが出来る神仏や守護霊が必ずいます。お金の悩みは、お金儲けが得意な神仏に守護してもらうか、節約が得意な守護霊に守護してもらえば解決します。悩み事の解決策は、その人に必要な神仏を選んで頼む必要があるのです。仏は数千体、神は無限にいます。ベストな神仏の組み合わせを説明するために何冊も本を書いているのです。

○不幸体質を卒業しよう

世の中には何をやっても不幸を引き寄せる不幸体質の人がいます。**不幸体質とはネガティブな考え方の人です**。不幸体質は伝染して、あなたを不幸にします。ですから、不幸体質の人とは関わらない方が幸せになれるのです。また、不幸せな人間は、他人の足を引っ張ります。

自分の人生を一生懸命に生きている人は、他人の足を引っ張りません。他人の足を引っ張るやり方は、いずれその人の人生が行き詰まります。**感謝をしない人も不幸体質の特徴です**。また、自分の不幸を他人や環境のせいにする人も不幸体質なので、さらに不幸になっていきます。

○感謝の習慣が幸せを引き寄せる

運がよくなるには、あらゆることに感謝する習慣を作る必要があります。なぜ、あなたは感謝をできないのでしょうか。それは何をどう感謝したら良いのかがよくわからないからです。幸せになるには、神仏に正しく感謝をする必要があるのです。そのためには、社会のことを正しく学ぶ必要があります。感謝の心を持てない人は、社会に対する知識が欠《けつ》落《らく》しているのです。

また、貧しくとも、感謝の心を持った人生を送っていれば幸せな人生と言えます。お金持ちでも、不平不満ばかりの人生を送っている人は不幸です。そして、必ず子や孫の代で家が本格的に没落《ぼつらく》します。**貧乏でも魂は幸せになれるのです。**

○蓄財勉強法で大富豪になれる

私の蓄財勉強法では一発逆転を狙《ねら》うことは奨《すす》めません。

蓄財勉強法は、弁護士や医学部受験ではなく、行政書士試験からスタートします。行政書士でも難しすぎる人がいるので、この本ではＩＴパスポートや簿記、秘書検定等からスタートする小さな山から登るスキルアップ神霊開運術を解説しています。大卒資格がなければ、放送大学や中央大学、法政大学、日本大学等の通信課程を卒業することを目指します。行政書士から宅建、司法書士、社労士、税理士等の資格に進み、余裕があれば、最後に司法試験や弁理士試験を受ければ良いのです。

行政書士は、法学部ではない地方国公立大学の卒業生が3年間で合格すれば、かなり優秀です。毎年、母校から100名以上の司法試験合格者がいる東大、京大、一橋、早慶の法学部以外の人は行政書士や司法書士からスタートした方が効率的だと思います。学歴更新と資格試験合格で経歴をパワーアップしてお金を稼ぐスキルを地道に強化します。

この稼ぐスキルを強化するための勉強を神仏にお願いして、幸せになるための徳積みの修行にしてもらえば一石二鳥です。キャリアアップとスキルアップは、徳積みになります。また、神仏と守護霊があなたの努力に感動すると運命を改善してくれるのです。神仏は、霊的な方法だけで運命改善をすることを嫌います。

もし、祈りながら現実的な努力をしても、幸せになれなければ人間は努力を止めるでしょう。神仏は人間に努力してランクアップして欲しいので、この方法なら必ず幸せにしてくれるのです。

○不合格霊界に打ち勝つ天神

受験の神は菅原道真公《すがわらみちざね》です。お祈りする時は、天満大自在天神《てんまだいじざいてんじん》とお呼びします。ところで、モノには持ち主の意識が宿《やど》ります。試験に落ちた人が使っていた中古の参考書には不合格霊界が出来上がるのです。

受験生は、中古の参考書を買うべきではありません。中古の参考書で勉強して不合格霊界ができると、試験に合格しづらくなるのです。中古の参考書でも、試験に合格した先輩から貰った参考書は、合格霊界が出来上がっているので、運が良い先輩から譲られた参考書は使ってください。

○金運が欲しければ新品の財布を買え

ブランドの財布や服、アクセサリーも中古品は貧乏神を呼び込みます。ギャンブルで借金をして財布をネットオークションで売ったり、買取《かいとり》に出した財布は、貧乏霊界《びんぼうれいかい》が出来上がっています。**安くても新品の財布を買った方が金運はアップするのです。**

また、開運系の金運財布には「この開運グッズが売れて、自分達が儲《もう》かればいい」と製作者のエゴの念が入っている開運グッズが多いのです。こうした財布や開運グッズは持ち主を不幸にするので気を付けてください。

◯運気の無駄遣いをするな

あなたが幸せになるためには、天界《てんかい》に貯金してある善徳《ぜんとく》、幸せポイントを使う必要があります。善徳は、前世と今世で、世の中のため、あなたの行動が人のために役立ったことがポイント化された天界のお金です。

幸せポイントを3億円分使えば、宝くじで3億円当せんすることが出来ます。**宝くじの高額当せん者は不幸になると言われています。当せんしたことで善徳がなくなってしまうのです。**

そのため、神仏は宝くじを的中させません。あなたにお金が必要な場合、銀行や親戚がお金を貸してくれるように神仏は守護します。つまり、宝くじが当たるパワースポットからは神仏が逃げ、魔物が居座《いすわ》っているのです。金運アップを宣伝している由緒《ゆいしょ》ある寺院では、「節約しよう。強欲になるな。強欲な願い事をすると不幸になる」とお寺の法話集に住職が書いています。

神仏に守護されるために必要なものは、純粋で無私無欲《むしむよく》な真心です。

金銭欲が強すぎる宗教家は神仏を遠ざけます。過度な金銭欲は悪霊《あくりょう》を呼び込みます。宗教以外で稼ぐ能力がない人間が、神仏を使って過剰《かじょう》にお金を稼ぐと悪霊しか来なくなるのです。最初は、まともな霊能者が、悪霊に憑依されカルト化するほとんどの原因は、霊能力で荒稼ぎをするからです。そうならないように、**霊能者を目指す人こそ、スキルアップや試験に受かる勉強をする必要があるのです。**

○幸せ霊界を創り出せ

試験に合格する奇跡の言魂《ことたま》があります。

「人間が受かる試験なら、同じ人間の自分も受かる」です。この言魂《ことたま》を毎日、100回以上唱えましょう。あなたも試験に受かる霊界を作り出すことが出来ます。確信して霊界を作り出し、そこに神仏を呼び込むことでどんな願望も成就させることが出来るのです。

この言魂《ことたま》呪文で、結婚霊界を作り出せば、幸せな結婚が出来ます。

「誰でも幸せな結婚ができる。だから、私も必ず幸せな結婚ができる」です。

幸せになれる人は、こうした一見、くだらない開運ワークを素直に実践《じっせん》できる人です。

ひねくれ者は、屁理屈《へりくつ》をつけて、実践しません。だから、幸せになれないのです。

○大金持ちになれる魔法の言魂《ことたま》

「誰でも努力をすれば大金持ちになれる」です。嘘のような話ですが、霊界を作ることが出来れば、誰でもお金持ちになれるし、幸せな結婚ができるし、試験に受かるのです。

もちろん、努力をする必要はありません。けれど、神仏と守護霊に祈り、霊界を作れば、実現するとあなたが不幸になるような願望でない限りは、**必ずあなたの夢や願望は実現す**

るのです。

極端な話、過労死《かろうし》覚悟でハードな仕事に転職し、死ぬ気で神仏と守護霊に祈ればすぐにお金持ちになれます。しかし、命を削《けず》ってまで、すぐにお金持ちになる必要はありません。また、あなたが今の仕事が適職ではないと思うのなら、神仏によく祈って働けば、転職した方が良ければ別の仕事が見つかります。適職かどうか、今の努力が正しく報《むく》われるかどうかは、守護霊と観音様に祈って働けば見えてきます。神仏や守護霊は一番、良い進路や結果に導いてくれるのです。

時間をかけてお金持ちになれば良いのです。**また、ブラック企業への就職、転職を避《さ》けるには、観音経を唱えて観音様に真剣に祈り続けながら仕事を選ぶことが大切です。**

○あなたも簡単に幸せになれる

結婚は誰でも出来ます。誰でも大金持ちになることが出来ます。**幸せになる仕組みさえわかれば、正しい努力が出来ます。努力は、神仏や守護霊に祈れば誰でも出来るようにな**

るのです。

自分は努力が出来ないという相談が来ます。そういう時は、神仏や守護霊に祈ってください。神仏も守護霊も努力している人を守護するのが大好きなので、必ず努力できるようにしてくれるのです。

○誰でもヒルズ族になれる

霊界を作れば、自分もヒルズ族みたいな生活ができるのかと考える人もいるかもしれません。結論から書けば、可能です。誰でも大金持ちになれるし、ヒルズ族になれるのです。ただし、その幸せがいつまで続くかはあなたの善徳の量で変わります。人によっては１時間、１日でその幸運が消えます。運気が少ないのです。想念術や引き寄せの法則、マーフィーの法則のように**願望をイメージすれば現実化させることは誰にでも出来ます**。ただし、持っている善徳の量に極端な格差があるので、願望がどれくらい実現するかの差が出るのです。

○善徳を増やせる神霊開運術

鈴木梅太郎《すずきうめたろう》がオリザニン（ビタミンB）を発見するまで、脚気《かっけ》で何百万の人が亡くなっていました。グーテンベルクが活版《かっぱん》印刷を発明したことで、本を庶民《しょみん》が読むことが出来るようになりました。フレミング博士が、カビから抗生物質《こうせいぶっしつ》を発見したことで、肺炎《はいえん》等で死ぬ人が何百万人、何千万人も助かりました。こうした偉人は、数百億円、数千億円、場合によっては数兆円かそれ以上の善徳を天界に貯金しています。トイレ掃除《そうじ》等でも善徳は積めますが、数千円の善徳です。そこで、**あなたが積める善徳の量を飛躍的に増加させるには、スキルアップが大切なのです。**

震災《しんさい》等が起こると、セレブは何億円、何十億円の寄附《きふ》をします。**今世、セレブに生まれてくる人は、前世に必ず膨大《ぼうだい》な量の人助けをして膨大な善徳を貯金して生まれてきているのです。**セレブの前世は、生きがいが人助けのような人ばかりなのです。

○生まれ変わりの秘密と前世鑑定

潜在意識《せんざいいしき》の奥底には、前世の性質が残っています。本質的な性格、性質は生まれ変わっても変わりません。あなたは魂の質を向上させるために、地上に修行にやってきたのです。**ランクが高い魂はオールマイティーです**。オールマイティーな神仏のような魂になるように、いろいろな民族、性別、環境、仕事に生まれ変わらせて、数千年〜数万年規模で、あなたの魂の育成を神様が行っているのです。同じ境遇《きょうぐう》に生まれ変わることは魂の育成には非効率です。そのため、貴族は庶民《しょみん》に生まれ変わり、庶民《しょみん》は善徳に応じてセレブに生まれ変わります。

あなたの前世を知る方法もあります。何かを極端に、好きだったり、嫌いだったりする場合は前世の影響です。ブラック企業の経営者は、生まれ変わるとお金を嫌う潔癖《けっぺき》な人間になります。異性が苦手な真面目な人の前世は、遊び人のケースも多くあります。人間は何十回も生まれ変わっているので、単純化できませんが、その人のキャラには前世の記憶が一番大きな影響を与えているのです。好き嫌いを見れば、大まかな前世は鑑定が出来るのです。

○ネバー・ギブアップの精神で運命改善

運命は善徳を増やせば改善されます。日蓮《にちれん》や曹洞宗《そうとうしゅう》の開祖・道元《どうげん》のように不撓不屈《ふとうふくつ》の根性がある人が生まれ変わってきたとしたら、今世では結婚できないと諦《あきら》めるでしょうか。今世では出世できないと諦めるでしょうか。偉人の生まれ変わりなら諦めません。もしも、**結婚できない運命であったとしても、死ぬまで婚活を続けるのが偉人の生まれ変わりです。あなたも幸せを求めるなら、諦めてはいけないのです。**

○人間の能力差が出来た真相

人間は、神代《かみよ》の時代に生まれ変わりがスタートする最初の段階では、同じ善徳量と能力でスタートしました。あなたとイエスや釈迦《しゃか》は同じ能力でスタートしたのです。

人間の能力格差や善徳の貯金量は、10回、20回と生まれ変わる間に格差化したのです。1、2回目の生まれ変わりでは、10％、20％の努力差しかなかったのです。けれど、10％の努力差でも、10回生まれ変わると2・8倍、15回生まれ変わると4・5倍の能力差、善徳の貯金量の格差が生まれます。小さな努力の差が、生まれ変わるたびに拡大して能力差や善徳量の差、幸せの格差として表れてきたのです。

なぜ、あなたは幸せになれないのでしょうか。それは、善徳が不足しているからです。どうやったら善徳を増やせるのでしょうか。**世の中の人々のためになることを、無私無欲に行えば善徳は増えます**。しかし、人を助けるには人を助ける高い能力が必要です。あなたの能力と社会的影響力によって、実行可能な徳積みのレベルに格差が出ます。

神仏に他人の幸せを祈れば良いと考える読者もいるかもしれません。けれど、1日1時間、2時間も他人の幸せを10年～20年、純粋に祈り続ける集中力と忍耐力があれば、仕事や試験に活《い》かされています。**大多数の読者は祈る時間がないと不平を言います**。時間の使い方、物事の優先順位のつけ方が下手なので祈る時間を作れないのです。

弘法大師《こうぼうだいし》は、仏教の真髄《しんずい》を理解するために記憶力をパワーアップさせる虚空蔵菩薩《こくうぞうぼさつ》の真言を100万回唱えました。日蓮は、仏教の真髄《しんずい》を理解するために、自分を日本一の知恵者にしてくださいと祈りました。

善徳を積んで開運するには、スキルアップした方が効率的なのです。

善徳をたくさん貯金するには、試験に受かり、スキルアップするのがタイムパフォーマンス、コストパフォーマンス的に最良の方法なのです。

○幸せには3つの種類がある

幸せは、心の幸せ、物質的な幸せ、魂の幸せの3つで成り立っています。本当の幸せとは、生活水準が豊かになり精神的にも幸せだと感じ、魂がランクアップして喜んでいる状態です。

精神的な幸せは、あなたが幸せだと確信すれば実現されます。幸せに具体的な基準はありません。あなたの人生を他人や世間と比較するから不幸だと感じるのです。

24時間365日、死ぬまで幸せであるという精神状態をあなた自身が作り出さなければ、出世しても、お金持ちになっても不幸な人生になるのです。

物質的な幸せは、善徳を増やせば実現します。魂の幸せは、魂の質が向上している時に実現します。スキルアップは、魂の幸せを実現する手段でもあります。

心、物質、魂の全てがバランス良く満《み》たされてはじめて、あなたは真実の幸せを手に入れることが出来るのです。

第2章

幸せなセレブになれる願望成就法

○お金さんは心の友と念じよう

お金さんはあなたのお友達です。お金と親しくなるために、お金さんと呼びましょう。お金だけに強く意識を向けると悪霊《あくりょう》に憑依《ひょうい》されます。けれど、「お金がなくても幸せになれる」とか、「清貧《せいひん》は尊い」と考えると、本当に貧しくなります。お金さんは道具です。あなたを幸せにすることも出来れば、あなたを不幸にすることも出来ます。お金さんが喜ぶように正しく善用《ぜんよう》することが大切なのです。お金さんは、あなたといつも一緒にいる心の友です。24時間、365日、守護霊のようにあなたといつも一緒にいるのがお金さんです。貧しい人は、お金さんに対する心のハードルが高いので貧乏なのです。お金さんと呼ぶことで親しみが湧《わ》き、お金さんが集まりやすくなるのです。

お金を集めることができる能力とお金を自分のために利己的に使うかは別次元の話です。お金がなければ、神社もお寺も作れません。大仏も建立できません。社会福祉も出来ません。科学開発も教育の無償化も出来ません。

お金は、正しく集め、正しく使えば神仏になります。お金をエゴの心で集め、利己的な欲望を満たすためだけに使うと貧乏神《びんぼうがみ》になります。お金が神仏になるか、貧乏神になるかはあなた次第なのです。

○貧乏はお金の悪因縁が原因

本書で一番、悩んだのは個人の金運アップの説明です。社会のために集金したいという時は、あらゆる神仏が力を貸してくれます。けれど、あなた個人のためだけの金運アップは神仏もお金さんも嫌がるのです。

そこで、神仏もお金さんも大喜びするように、あなたがスキルアップすることで、世の中に善徳を積む金運アップの方法を説明します。渋沢栄一《しぶさわえいいち》や二宮尊徳《にのみやそんとく》のような生き方をして、神仏と守護霊にスキルアップと善徳を増やすための金運をお願いするのです。**守護霊に祈って真面目に働けば、あなたが生きていくために必要なお金は必ず手に入ります。**

貧乏は、お金の悪因縁《あくいんねん》です。お金の悪因縁は、前世で人を苦しめてお金を手に入れたり、お金を善用しなかったことで生まれた悪因縁です。**貧乏な人は、お金に対する間違った考**

え方を改めさせるために貧乏な状態になっているのです。

貧乏な人は、無欲に自分以外の人の幸せを祈ることが大切です。他人にもお金が入ってきて幸せになるようにピュアなハートで祈るのです。

○数霊術《すうれい》と祝詞《のりと》で大金運財布になる

財布の休息は誰にでも出来る金運アップの秘術です。**財布に金運を呼び込むには、財布の休息が不可欠《ふかけつ》です。財布は、あなたの財運を蓄《たくわ》えお金を貯めるパワースポットです。**

お金には前に持っていた人のマイナス・エネルギーが宿っています。

お金のマイナス・エネルギーは、あなたの財布に貯まります。マイナス・エネルギーは貧乏神を呼び込み、貧乏財布になってしまいます。そこで、定期的に財布の邪気を祓《はら》う必要があります。

月に1回、財布の中身を全部出して、空《から》にして1日、財布を休ませましょう。クレジット・カードやお金を綺麗《きれい》な布の上に並べ、財布は完全に空《から》にします。そして、大祓詞《おおはらひのことば》を２、３回唱えて財布に憑《つ》いた邪気を祓うのです。すると、マイナス・エネルギーが浄《じょう》化《か》され金運財布に早変わりします。大祓詞は、『大開運』（林雄介、青林堂）等の巻末に掲《けい》載《さい》してあります。

また、毎日、財布に天津祝詞《あまつのりと》を唱えることで財布にプラスのエネルギーを呼び込むことが出来るのです。天津祝詞は万能祝詞《ばんのうのりと》です。唱えれば、神様も仏様も守ってくれるのです。さらに、天《あめ》の数歌《かずうた》も唱えると、数魂《かずたま》のパワーが財布に宿り金運は何十倍にもパワーアップします。

天の数歌は、ユダヤのカバラに音魂をプラスしてあるので、数霊や数魂《かずたま》を自在に操ることが出来るのです。

○お金さんは仲間を呼んでくる

お札の肖像画《しょうぞうが》の頭の向きは必ず、そろえることが金運の基本です。お金さんを大事にしている気持ちがお金という物霊《ぶつれい》に伝わることが大事なのです。**お金さんにいつも感謝し**

て、**大事にするとあなたもお金持ちになれます**。お金とは物霊《ぶつれい》であり、数霊《すうれい》であり、数魂《かずたま》です。物霊であるお金には意識が宿り、付喪神《つくもがみ》になります。**お金さんをあなたのプラスの付喪神《つくもがみ》にして、お仲間のお金さんを集めてきてもらうのです。**

お金を付喪神《つくもがみ》にするには、お金さんと仲良くすることが肝心《かんじん》です。物霊化するためにお金さんと人格化して呼ぶのです。人格化すれば何でも物霊化します。お金は世界中で流通しています。お金さんの間であなたの評判が良くなれば、お金さんは自然にどこからでも集まってきます。お金持ちは、お金を愛し、お金を大切にしています。だから、お金さんが引き寄せられるのです。

札束《さつたば》に手足が生えたり、金色の札束がニコニコして歩き回っている付喪神《つくもがみ》をイメージしましょう。そして、金色の手足の生えた可愛い札束や金塊《きんかい》の付喪神《つくもがみ》があなたのお部屋に24時間365日、絶えることなくやってくると確信してください。財布はお金さんの道の駅、あなたの銀行口座や金庫はお金さんのホテルや集会場や住宅地です。

また、財布にお金が大量に入っているシーンをイメージするとお金が入ってきます。イメージするのが苦手な人は、**1万円札を千円札に両替《りょうがえ》して財布に入れましょう**。2万円なら、20枚の千円札が財布の中にあることになり、お札でパンパンになります。**イメージする力が弱い人は、大金持ち霊界を作ることが出来ません。**

○貧乏神に憑依《ひょうい》される人の特徴

エゴの心でお金を集めると欲望の象徴である貧乏神が集まってきます。金運アップの開運本を読めば読むほど、貧乏になる人がいるでしょう。強欲な人が金運アップを念じると貧乏神が来て、さらに貧乏になるのです。

金運アップは、貧乏神に憑依されないようにするために、仏教の空《くう》の思想を『金剛般若経《こんごうはんにゃきょう》』等で学び、執着心や過度《かど》な欲望をコントロールする方法を身につける必要がありま す。けれど、空の思想だけを学び実践すると現代社会ではお金が入ってこなくなります。

金運は、欲望と空の絶妙なバランスが大事なのです。

「何百万体の黄金色の３メートルくらいの大黒天がダッシュで札束をあなたの部屋に投げ込んでくる」、「七福神が船に札束を積んで現金輸送車のようにお金を大量に持ってくる」と、自分も周囲の人もみんなが幸せになる金運でありますようにとイメージすることが、福の神を呼ぶ秘訣《ひけつ》なのです。

○社会運向上秘伝は桐箱《きりばこ》

通帳や契約書、株券は桐箱《きりばこ》に入れて、金庫に保管《ほかん》しましょう。桐箱に入れて大切なものを保管すると社会運が向上します。一緒に大神神社《おおみわじんじゃ》の金運守りを入れておくと良いお取引先を見つけてくれるので社会運が倍増します。また、出雲大社や白山比咩神社《しらやまひめじんじゃ》のお守りを入れておくと、仕事の良縁を結んでくれるので一緒に保管することをお奨《すす》めします。

○仏壇に大事なものをしまうと不幸になる

大切なものを仏壇《ぶつだん》に保管する人がいます。けれど、お奨めは出来ません。仏壇には低い霊界に行っている先祖霊も大量に来るので、あなたの社会運が落ちるのです。通帳等は福《ふく》財布《ざいふ》や綺麗な布で包んで、桐箱に保管しましょう。

また、福財布はネット通販の開運ショップで売っている祈祷《きとう》済みのものを使うと不幸になります。まともな神社やお寺は開運ショップとコラボしてネット通販をやりません。営利目的のネット通販で売っている福銭《ふくぜに》、種銭《たねぜに》も１００％邪気が入っています。総産土神社や近所の一宮《いちのみや》で福銭や種銭は入手しましょう。

○宝くじが当たる金運神社の神様

美濃一宮の南宮大社《なんぐうたいしゃ》の金山彦大神《かなやまひこおおかみ》を招聘《しょうへい》した神社が、宝くじ神社として有名です。**しかし、金山彦大神は宝くじを当せんさせません**。金山彦大神は、智恵や根性を与える神様です。天才軍師の竹中半兵衛の故郷の守護神が南宮大社の神様なのです。

○全ての分野で幸せに生きるのは難しい

「社会運＝仕事運＋家庭運」です。前世と今世に貯めた善徳は、あなたが幸せになれば消費されます。**お金に困らず健康で、家族仲良く過ごせる人生を送るには、数億円〜数十億円分、あるいはそれ以上の善徳が必要です。**

江戸時代、二宮尊徳《にのみやそんとく》は貧乏な村や藩に行き、善徳の積み方を教え、節約したり、農業の生産性を上げさせ、豊かにする開運請負人《うけおいにん》でした。

倫理道徳や儒教の古典教育の軽視で、米沢藩の財政を立て直した上杉鷹山《うえすぎようざん》や二宮尊徳が善徳思想をベースにして財政の立て直しをしたことを知らない人が増えました。日本の近代経済の生みの親、渋沢栄一《しぶさわえいいち》もビジネスのベースに儒教の善徳思想があります。

お金、仕事、健康、対人関係の全てに恵まれている場合、前世で膨大《ぼうだい》な善徳を貯めている人の生まれ変わりなのです。

○あなたは神仏や天使になれる

あらゆるものに満たされていると、魂の成長が止まります。仏教では、龍樹菩薩《りゅうじゅぼさつ》が、頭も良くハンサムで大金持ちで霊力もあり、ハーレムを作ったり、やりたい放題やっていても真に魂が満たされずに仏教に帰依《きえ》する逸話《いつわ》があります。

人間はどんなに物質的に幸せになっても、最後は神仏や天使になろうと魂のランクアップをするように作られているのです。また、人間の魂には、宇宙を創造した絶対神の分魂《ぶんこん》が入れてあるので、**全ての人がスキルアップすれば、神にも仏にも、天使にもなれるのです。**

○悪魔はレベル上げのために作られた

悪魔や魔物は、人生というゲームのレベル・アップのためのモンスターです。人間のレベル・アップのために宇宙創造の絶対神が作ったのです。そのため、**全ての人間が神仏に**

なれば、悪魔や魔物の仕事はなくなるので自然消滅します。これが、絶対神が悪魔や魔物を完全に駆除《くじょ》しない理由なのです。魔王も絶対神が管理しているのです。

○根性を持った賢い善人になろう

歴史上の偉人を調べたときに、悪人より根性がなかった善人を見たことがありません。

本当の善人は、天に命を捧《ささ》げることが出来るのです。幕末の吉田松陰《よしだしょういん》や『太平記《たいへいき》』の楠木正成《くすのきまさしげ》のように、世の中のために死ねるのです。宗教家の日蓮《にちれん》、法然《ほうねん》、親鸞《しんらん》、役行者は処刑されかけたり、追放されています。東大寺の大仏を建立した生き仏の行基菩薩《ぎょうきぼさつ》でさえ最初は朝廷から迫害されていたのです。

神仏ごとに大まかな善悪の基準はあります。しかし、宇宙を創造した絶対神には絶対的な善悪の基準は存在しません。

本人がやったことに利子をつけて返してあげることが宇宙の絶対神が決めたルールです。天が必要としていない悪人であれば、自滅《じめつ》するだけなので無視すれば良いのです。

「正直者がなぜ、バカを見るのでしょうか」という質問もよく寄せられます。答えは、質問者に根性がなく頭が悪いからです。善人が悪人に勝つには、根性と知恵のある人間になるしかないのです。善人を守護する知恵の神様は毘沙門天です。だから、聖徳太子《しょうとくたいし》、楠木正成、上杉謙信《うえすぎけんしん》が毘沙門天に熱心に祈っているのです。

さらに、軍神の摩利支天《まりしてん》に祈れば完璧です。**摩利支天《まりしてん》の真言は、「おん・まりしえい・そわか」です。**

○脇役の方が幸せポイントがたまる

善徳は、表舞台に立っている主人公よりも、脇役《わきやく》や裏方《うらかた》の方がたまります。表舞台で脚光《きゃっこう》を浴びた人は、善徳が減っていきます。

善徳を増やしたいのなら、脚光を浴びる主役は、他の人に譲った方が良いのです。また、主人公をやった人は生まれ変わると脇役になることも多いのです。同じ能力と善徳の量の持ち主なら、「前世、今世、来世」の3つの生まれ変わりの中で、脚光を浴びる主人公と脇役が平等に配役されているのです。

○遠隔《えんかく》神社参拝で神を呼ぶ方法

総産土神社も郵送で祈祷《きとう》をしてくれます。郵送で祈祷を申し込んだ後に、神社の本殿《ほんでん》の写真を見て、目の前に本殿があるとイメージして神様に祈ってください。写真は、神社のHPに載っているものを使いましょう。

神社の本殿の写真を見て、自分の目の前に神様がおられると確信することが遠隔参拝の秘訣《ひけつ》です。

神様が目の前におられると確信すれば、あなたの部屋が神社になるのです。そして、太陽や光の玉、衣冠束帯《いかんそくたい》や着物を着た神様が目の前にいると確信して祈ってください。遠隔で祈る時には、天津《あまつ》祝詞《のりと》を使ってください。

天の数歌は古神道の鎮魂法《ちんこんほう》の神呼《かみよ》びの呪文がルーツなので、神を呼ぶために使うと100%、悪霊に憑依《ひょうい》されます。

○神仏はあなたの篤《あつ》いファン魂で呼べる

神様のためなら自分は喜んで死ねるという熱烈な神様に対するＬＯＶＥ魂が神に愛される秘訣《ひけつ》です。**神様が大好きなら神様は絶対に、あなたを殺すことはないので安心してください。**

神様は「神様、大好き」という人間の想いをキャッチしてやってきます。神仏や守護霊があなたを守護してくれても、守護してくれなくても大好きというファン魂が大事なのです。神仏も守護霊も、人間がどういう気持ちで祈っているのかがわかります。ご利益が欲しいというエゴの気持ちを神仏や守護霊は一番嫌います。

○スピリチュアル底辺脱却大作戦

一億総中流社会だった日本も、格差化が加速しています。格差社会のスタートは、親の年収と教育水準です。あまり裕福ではなく、優秀でもない親の下に生まれてきた場合、あなたの善徳の量が少ないのです。

もし、あなたが底辺にいるのなら、まずは最低賃金で生活してください。けれど、体調不良等で働きに出られない、最初の一歩が踏み出せない人もいるでしょう。

ニートや引きこもりに根性を与えてくださる仏様は、不動明王です。

不動明王真言の「のうまく・さまんだ・ばざらだん・かん」を10回、100回唱えて、「根性のない私に根性をください」と祈りましょう。

不動明王に祈る時は、**大日大聖不動明王**《だいにちだいしょうふどうみょうおう》とお呼びします。不動明王の守護パワーが10倍以上、パワーアップします。

不動明王は、がむしゃらに頑張れという仏様なので、必ず作戦と知恵と福徳の神の毘沙門天とセットで祈ってください。不動明王は、ブラック企業でも根性で頑張り抜けるように守護します。

毘沙門天は、ブラック企業から転職したり、残業代の不払いを労働基準監督署や弁護士に相談したり、スキルアップを守護する仏です。不動明王だけに祈ると、現状に耐えることは出来ても、現状を知恵で改善することが出来ないのです。

営業や商売をやっている人は、毘沙門天に祈ると、商品をどうやって売ったら良いかが閃《ひらめ》きます。**毘沙門天真言は、「おん・べいしらまんだや・そわか」です。**

○最強の守護仏は大元帥明王《だいげんすいみょうおう》

不動明王、毘沙門天、さらに大元帥明王《だいげんすいみょうおう》の３仏に祈れば、不動明王、毘沙門天、大元《だいげん》帥明王《すいみょうおう》が霊界で睨《にら》みつけているので、大抵の問題は解決します。大元帥明王は、仏教の全ての仏が合体して出てくる時の姿なので、単体では仏教最強の仏です。国が滅亡しそうな時にお願いする最強の仏様です。ただし、弱点があります。祈っても簡単には守護してくれません。いざという時のために真言だけは覚えておいてください。

大元帥明王真言は、「のうぼうたりつ・たぼりつ・はらぼりつ・しゃきんめい・しゃきんめい・たらさんだん・おえんびい・そわか」です。

○悪人に必ず勝つ言魂《ことたま》

「悪人に必ず打ち勝って、正義は絶対に勝つ」と強力に念じ続けていたら、悪人に念力で勝ちます。そして、最強の神仏に祈ります。

不動明王、毘沙門天、大元帥明王《だいげんすいみょうおう》、摩利支天《まりしてん》にプラスして諏訪大社の建御名方大神《たけみなかたのおおかみ》と日本神界では最強の神である武甕槌大神《たけみかづちのおおかみ》と香取神宮の経津主大神《ふつぬしのおおかみ》に祈ります。上杉謙信と武田信玄を守護していた軍神が諏訪大社の神様です。平安時代を牛耳っていた藤原氏を守護していたのが、武甕槌大神《たけみかづちのおおかみ》と経津主大神《ふつぬしのおおかみ》です。

藤原氏は他氏排斥《たしはいせき》で恨まれまくっているので、武甕槌大神と経津主大神に祈って生霊《いきりょう》や呪いから一族をガードしていたのです。

けれど、無理に悪人に勝たなくとも、悪人も味方にすればよいのです。悪人すら味方にするコミュニケーション力を向上させる神は、宗像大社《むなかたたいしゃ》の田心姫神《たごりひめのかみ》、湍津姫神《たぎつひめのかみ》、市杵島姫神《いちきしまひめのかみ》の三女神と弁財天と出雲の大国主大神《おおくにぬしのおおかみ》と三面大黒天です。**弁財天真言は、「おん・そらそばていえい・そわか」です。三面大黒天の真言は、「おんまか・ぎゃらや・そわか」**

です。

◯サクセスをコミットメントする大日大聖不動明王《だいにちだいしょうふどうみょうおう》

ニートや引きこもりの問題点は、職歴がないことです。そこで、職歴を作るために底辺の最低賃金の仕事からスタートします。あなたの人生が具体的に劇的に改善されるかは、計画的に這《は》い上がれるかどうかによります。そのためには、目標をフローチャートにして、1個ずつこなしていきましょう。

あなたは、まず、何をするのかを決める必要があります。

私は、（　　　　　　　　　　　　）をやり遂げます。

この目標を大日大聖不動明王《だいにちだいしょうふどうみょうおう》と守護霊に祈って成就させます。大日大聖不動明王や守護霊に祈っても、どうしても改善しない場合、出雲大社の大国主大神《おおくにぬしのおおかみ》と大国主の義父《ぎふ》の素戔嗚大神《すさのおのおおかみ》、石川県の白山比咩神社《しらやまひめじんじゃ》の白山比咩大神《しらやまひめおおかみ》にお願いします。白山比咩大神は神仏《しんぶつ》習合《しゅうごう》して白山妙理権現《はくさんみょうりごんげん》や十一面観音になることも出来るパワーのある神様です。

「白山妙理権現守《まも》り給《たま》え幸《さき》はえ給え」と祈りましょう。守《まも》り給《たま》え幸《さき》はえ給《たま》えは、明治時代の神仙家《しんせんか》の宮地水位《みやぢすいい》の書物に登場する呪文です。

○小さな山を登り続ければ成功する

いきなり大きな山を登ろうとすると、あなたは挫折《ざせつ》します。目標が大きすぎるのです。いきなり富士山やエベレストを目指さないことが成功する秘訣《ひけつ》です。まず、**小さな山を登り、成功することで自信を持ちましょう。**

自信をつける秘訣は、1.勉強すれば誰でも取れる資格をまず取ることです。2.次に、とりあえずの目標をめちゃくちゃ低くするのです。つまり、ITパスポートや簿記初級や中学2年生程度の英検4級に目標設定をランクダウンさせるのです。ITパスポートも範囲が広く、かなり難しいので、ちゃんと勉強をしないと受かりません。

そして、学問の神の**天満大自在天神**《てんまだいじざいてんじん》に祈るのです。また、悟りの知恵を与える**文殊菩薩**《もんじゅぼさつ》**の真言「おん・あらわしゃのう」**や集中力を強化する**普賢菩薩**《ふげんぼさつ》**の真言「おん・さんまや・**

さとばん」を唱えます。文殊菩薩と普賢菩薩は兄弟です。文殊菩薩が悟りの知恵を与え、その悟りを禅定《ぜんじょう》の仏として実行させるのが普賢菩薩です。文殊菩薩と普賢菩薩はセットで祈ってお願いしてください。

さらに、**人生という山登りガイドも出来る神変大菩薩《しんぺんだいぼさつ》、役行者に祈りましょう**。

○超一流になれる手力雄大神《たぢからおのおおかみ》への祈り方

いきなり超一流の人を目指さずに、超三流の人を目指して頑張りましょう。超三流の人になれたら、次は超二流の人を目指すのです。

意志力があれば、最後は、誰でも超一流の人になれるのです。諦《あきら》めるのが早すぎるので成功しないのです。意志力はどうやったら持てるのでしょうか。1つは、不動明王に祈ることです。もう1つは、**強い意志力はあなたにもあることを確信してください**。自分には意志力はないと思い込んでいる意識の壁をぶち壊すのです。どうやって、意識の壁をぶち壊すのでしょうか。

自分は意志力が強いと信じれば、意志力が強くなります。また、天津祝詞《あまつのりと》を唱えて、天照大御神の岩戸隠れの際に、天《あめ》の岩戸《いわと》を開いた**手力雄大神《たぢからおのおおかみ》に意識の壁をぶち破ってください**と頼んでください。

さらに、意志力強化を愛知県の熱田神宮の熱田大神、千葉県の香取神宮の経津主大神《ふつぬしのおおかみ》、天孫では一番強い武甕槌大神《たけみかづちのおおかみ》に祈りましょう。

○失敗霊界をぶち壊せ

失敗すると思い込んでいると失敗します。なぜなら、失敗霊界が出来るからです。**成功する人は、図々しい人です。「自分は成功する。成功しか道はない」と思い込んでいるから成功するのです**。もちろん、成功する時に善徳を使っているので、善徳を使い切れば何をやっても成功しなくなります。

成功・不成功、幸せ・不幸せの分かれ目は、プラスの思い込みが強いか、マイナスの思い込みが強いかという小さな違いしかありません。さらに、善徳の量と神仏や守護霊にきちんと守護されているかであなたの成功、不成功、運、不運が決まるのです。

○苦境脱却は猿田彦大神《さるたひこのおおかみ》に頼む

平安時代、真言密教の開祖・空海は仏教の真髄《しんずい》を体得するために、記憶力をアップさせる虚空蔵菩薩《こくうぞうぼさつ》の真言を100万回唱えるという修行を行いました。**虚空蔵菩薩《こくうぞうぼさつ》の真言は、「のうぼう・あきゃしゃ・ぎゃらばや・おん・ありきゃ・まりぼり・そわか」です。**

こうした修行は、利他《りた》の精神で行うことが大切です。利他の精神で修行を行うには深い学問が必要です。儒教の『大学』・『論語《ろんご》』・『孟子《もうし》』・『中庸《ちゅうよう》』では、学問とは、世の中をよくするために学ぶものであると教えています。孔子《こうし》も己の立身出世のために学問をするのではなく、「聖人となり、世の中の人々を救うために学問するのだ」と言っています。また、近江商人の「売り手よし、買い手よし、世間よし」の三方よしに「神仏大喜び」を加えた四方よしが神頼みの秘訣《ひけつ》です。三方よしのような商人の道徳を心学《しんがく》といいます。人の道から外れることなく、お金儲けをして成功する方法が心学です。

しかし、三方よしではなく、四方よしで、よく学び、よく働いた人が死後、守護霊になっています。こうした守護霊が喜ぶ価値観を知ることが守護霊を動かす秘伝です。

また、道が開けるように導いてくれる神仏がいます。**猿田彦大神《さるたひこのおおかみ》は、進路を導く道開きの神です。**

何を努力したらいいのかがわからないときに祈る神仏は、**「南無大師遍照金剛《なむだいしへんじょうこんごう》」**です。一心に南無大師遍照金剛と祈りましょう。無明《むみょう》の闇路《やみじ》を照らすご利益があります。

自分探しの神は、猿田彦大神《さるたひこのおおかみ》と手力雄大神《たぢからおのおおかみ》です。進むべき道を整え障害となる岩を開く閃《ひらめ》きを与えてくれるのです。

人間の中にある神の部分である天照大御神を引き出すには、天宇受売《あめのうずめ》があなたの魂を喜ばせ、手力雄大神《たぢからおのおおかみ》が困難という岩戸を開くのです。そして、天照大御神を岩戸から引き出す知恵を授ける神は、思金神《おもいかねのかみ》です。

○チャレンジする人を守る諏訪明神《すわみょうじん》

南無諏訪大明神と唱えると、諏訪大社の神様が守護してくれます。長野県の諏訪大社の神様はチャレンジする人を守護する神様です。南無諏訪大明神、南無大師遍照金剛《なむだいしへんじょうこんごう》と祈ると起死回生《きしかいせい》の秘策を授けてくれます。

そして、いよいよ絶体絶命の時には天照大御神とその親神である伊邪那岐大神《いざなぎのおおかみ》、伊邪那《いざな》美大神《みのおおかみ》、白山比咩大神《しらやまひめおおかみ》を祀る石川県の白山比咩神社《しらやまひめじんじゃ》にお願いしてください。

○成功するまでしつこくやること

試験は合格するまでしつこく受けましょう。**あらゆるサクセスの秘訣《ひけつ》はこれしかありません。諦《あきら》めないことです。**

回り道を回り道と思わないことが重要なのです。あらゆることが人生の経験になっていきます。人間関係で嫌な目にあっても、酷《ひど》い人に会ったと思うのではなく、悪因縁が解消され、人生のいい経験を積ませてもらったと絶対神に感謝しましょう。考え方を変えないとあなた自身が傷つくし、自信をなくして不幸体質になってしまうのです。

○理念と信念を持てば運気10倍

理念と信念を持てば意志力で運気は10倍、20倍にパワーアップします。理念というと難しく感じる人も多いと思いますが、何でもいいのです。

目標以上の人に、人間はなれません。目標は何でもいいのです。最初は、お金が欲しいとか、モロな欲望でも構いません。あなたの目標を努力で実現するために、神仏と守護霊にお祈りして軌道修正《きどうしゅうせい》してもらいましょう。その目標があなたを不幸にする願いなら、神様が軌道修正してくれます。

欲望が強い人の方が、最初は成功します。欲望が弱く目標もない人はパワーが弱いのです。なぜ、パワーが弱いのでしょうか。それは夢がないからです。モテたいとか、お金持ちになりたいから、スタートすれば良いのです。夢がない人は、挫折《ざせつ》したか、夢を持つための知識のインプットが少ないだけです。夢を持てない人はイジメられたり、挫折《ざせつ》をした時に傷ついて夢を持てなくなっているのです。

人は挫折をして傷つくと夢を持ちづらくなります。結婚が不安、仕事が不安、不安の原因は、過去、失敗をして傷ついたことやマイナスの思い込みが原因です。そういう人は、プラスのインプットを増やしましょう。また、「あまてらすおほみかみ」の**十言《とこと》の神呪《かじり》**を唱えてプラスのエネルギーを補給《ほきゅう》してください。

○十言《とこと》の神呪《かじり》で超開運

大本の出口王仁三郎《でぐちおにさぶろう》の弟子の友清歓真《ともきよよしさね》が作った神道天行居《しんどうてんこうきょ》の開運呪文を十言《とこと》の神呪《かじり》と言います。

十言《とこと》の神呪《かじり》は「あまてらすおほみかみ」という呪文です。

太陽をイメージして、「あまてらすおほみかみ」と唱えます。天照大御神の守護で、明るい気持ちになり、その結果として開運します。

すぐに愚痴《ぐち》や不平が出てくる人、ネガティブな人は、「あまてらすおほみかみ」の呪文を唱えて、気持ちを太陽のように明るくすると幸せになれるのです。

○人生の批評家は不幸になる

「勉強しましょうね」と私がアドバイスをしても、ほとんどの読者は勉強をしません。この本に書いてあることも、やればできるとか、当たり前のことが書いてあるだけと屁理《へり》屈《くつ》を言って何もやりません。そういう人は、成功本、自己啓《けいはつ》発書、スピリチュアル本、ビジネス書を何百冊読んでも成功しません。

宇宙の真理は、当たり前のことです。

古典には、当たり前のことしか書いてありません。当たり前のことを、当たり前にやれば、必ず成功して幸せになれるのです。試験は、教科書と参考書に書いてあることを覚えれば受かります。それができるかどうかだけで、人生が激変《げきへん》するのです。

人生の批評家になると必ず不幸になります。ネット等にはネガティブな意見ばかりが書かれています。こうした批評も読まない方が幸せになれます。人はポジティブな意見より、ネガティブな意見に興味を持ちます。正確には、**類友の法則で不幸な人がネガティブな意見に同調するのです。**

神仏は、努力家を応援します。努力もせずに上から目線で批評をしている人を守護しません。神仏が守護しないので、さらに不幸になり、不幸なのでネガティブな批評をする……不毛な繰り返しです。

受験も、成績が悪い生徒は、予備校や参考書の批評ばかりして、勉強をしません。効率的な努力の方法はあります。けれど、努力抜きで幸せになる方法はありません。努力をして神仏に祈れば誰でも幸せになれるのです。正しい努力、効率的な努力のやり方、正しい神仏への祈り方を教えることは出来ます。けれど、何もせずに幸せになることは出来ないのです。

第３章

健康神霊術と霊能パワー開発秘伝

○ストレス解消に薬師如来真言《やくしにょらいしんごん》

健康に過ごすには、ストレスをためないことが一番大切です。

ストレスの軽減は薬師如来《やくしにょらい》真言、「おん・ころころ・せんだり・まとうぎ・そわか」を唱えます。薬師如来は免疫力《めんえきりょく》を向上させ、病気を癒《いや》すご利益があります。生きている人間の病気を完治《かんち》させる仏ではないので、怪我《けが》をしたり、病気になったら病院に行ってください。無人島等で遭難《そうなん》した場合は別ですが、神仏は祈るだけでは、病気を治しません。薬の開発や医師を守護する医薬の神もいます。祈るだけで病気が治ると、病院に行かなくなり、医療の進歩が止まることを神仏は嫌がるのです。医療と祈りの併用《へいよう》であれば、神仏は加護《かご》します。無人島で遭難《そうなん》した場合等、きわめて特殊な状況なら自然治癒力《しぜんちゆりょく》を向上させ、神仏は病気を治すことが出来ます。けれど、普通の状況で病気になった場合には、祈っても完治《かんち》させません。

健康に生きる秘訣《ひけつ》は、①ストレスを軽減させること、②首のコリをほぐすこと、③ゆっくり身体を動かすことの３つが大切です。

また、**肩の力を抜き、肛門をぎゅっと締めるリラックス法も効果的です**。さらに目線を常に45度上を見るようにしてみてください。落ち込んだ時は目線を下げるでしょう？　目線を上向きにすることで気分が良くなるのです。

○ハンド・パワーでセルフ・ヒーリング

手かざし療法《りょうほう》といわれるものは誰にでも出来る免疫力《めんえきりょく》を回復させる方法です。

まず、両手を数回、こすり合わせ、息を吹きかけます。そして、①両手で優しく顔を覆《おお》いましょう。時間は30秒から1分です。次に、②両耳を手で挟《はさ》みこみ、③おでこと後頭部を片方ずつの手で挟み、エネルギーを送り込みます。

ポイントは、鼻でゆっくりと呼吸することです。そして、④喉《のど》とその背後、⑤みぞおちとその背後、⑥へそ上3センチの部分とその背後、⑦へそ下3センチの部分とその背後、⑧性器とその背後を片方ずつの手で包み込みます。要するに、チャクラの部分にエネルギーをチャージしてリラックスさせる心霊療法《しんれいりょうほう》です。

呪文を唱えたければ光明真言を唱えます。身体をリラックスさせ、交感神経《こうかんしんけい》を鎮めることで免疫力《めんえきりょく》がアップします。つまり、座禅の効能と同じです。

○自律神経《じりつしんけい》の不調を治す秘伝

自律神経の不調は、ゆっくり肩の上げ下げをすると改善されます。肩の上げ下げはゆっくりやりましょう。ゆったりと身体を動かすことは健康の基本です。息は鼻から時間をかけてゆっくり吐《は》いて、ゆっくり吸うのです。これが延命長寿《えんめいちょうじゅ》の秘伝です。寿命延ばしは、**滋賀県の多賀大社《たがたいしゃ》や白山比咩神社《しらやまひめじんじゃ》の伊邪那岐大神《いざなぎのおおかみ》、伊邪那美大神《いざなみのおおかみ》が神々や人を産み出したので得意です**。また、普賢菩薩《ふげんぼさつ》や寿老人《じゅろうじん》、福禄寿《ふくろくじゅ》にも延命のご利益があります。**普賢菩薩の延命真言と寿老人の真言は、「おん・ばざらゆせい・そわか」です。福禄寿《ふくろくじゅ》の真言は、「おん・まかしり・そわか」です**。

ヨガや太極拳《たいきょくけん》、仙人もゆっくり動きます。胸鎖乳突筋《きょうさにゅうとつきん》という、首を横向きに曲げたときに鎖骨《さこつ》から耳の下にできる筋肉があります。ＰＣやスマホをみているとこの筋肉が凝ってきて体調を壊します。この筋肉も肩の上げ下げをゆっくりやるとほぐれて健康になるのです。

○言魂《ことたま》健康法

あいうえおの50音には全て言魂《ことたま》の神がいます。「あー」、「おー」と語尾を伸ばして発音してみましょう。**「あ」や「お」の言魂の神は、元気になる働きがあります。**「あ」は天照大御神の「あ」です。「あ」の言魂で人は元気になれるのです。また、「あおうえい」の言魂も元気になる呪文です。「**あー、おー、うー、えー、いー**」とはっきりと発声してみましょう。

○ストレッチやクンダリニーの効能

ストレッチやヨガは、身体の気のめぐりを良くすることで、免疫力《めんえきりょく》をあげ病気を防ぎます。

気は、1センチの光の玉が尾てい骨からおでこ、頭頂《とうちょう》、後頭部《こうとうぶ》の順番に巡っている様子をイメージしてください。やりすぎるとクンダリニーが開くので気を付けてください。

過度な運動をしなくても、気のめぐりを改善し、1日に3千歩前後歩けば健康に生きられるのです。また、週に2、3回、8千歩以上の競歩を行うと脚に筋肉がつき脂肪《しぼう》も燃焼します。首と背中の凝《こ》り対策、ストレッチと入浴が健康には重要です。現代人は、目と首が疲弊しています。健康に生きるためには首の凝《こ》り、背中の凝りをほぐすことが大切なのです。

○神仏と一緒に健康ウォーキング

健康のためには、食べ過ぎに注意して、適度な運動をしましょう。ウォーキングがお奨《すす》めです。体力がない人は、修験道の祖の「**神変大菩薩《しんぺんだいぼさつ》・役行者《えんのぎょうじゃ》**」に祈りながら歩きましょう。また、修験道の本尊《ほんぞん》の蔵王権現《ざおうごんげん》にも祈れば、適度な運動ができるように悪霊を祓い、健康になる環境を整えてくれます。

運動習慣が身につかない人は、健康になるのを邪魔する悪霊や生霊《いきりょう》が憑依《ひょうい》しています。そうした悪霊や生霊は、不動明王、毘沙門天、蔵王権現、役行者に守護してもらうと悪霊の妨害《ぼうがい》を除き、運動するパワーをいただけるのです。

○食べ過ぎないことが肝要《かんよう》

過食《かしょく》の戒《いまし》めは、儒教《じゅきょう》や江戸時代にベストセラーとなった貝原益軒《かいばらえきけん》の『養生訓《ようじょうくん》』にも書いてあります。

『養生訓《ようじょうくん》』は、「道を行い、善を積むことを楽しみ、病気にかからず、長生きする」ことを目的として書かれた本です。正しい道を行い善徳を増やすことは、東洋古典の基本です。**『養生訓《ようじょうくん》』では、健康のために過度な性欲、食欲、睡眠欲、喋《しゃべ》りすぎを控《ひか》えるように奨《すす》めています。**

麦飯をよく噛《か》んで食べ、砂糖の摂取《せっしゅ》を減らせば健康的に痩《や》せることが出来ます。カフェイン、ニコチン、アルコールの過剰摂取《かじょうせっしゅ》も健康によくないのでやめた方が良いと思います。不摂生《ふせっせい》が過ぎると、**寿命まで生きられなくなります。寿命は、平均的な使用法で生きることができる肉体の耐用《たいよう》年数です。**

日本の養生書は『養生訓《ようじょうくん》』と『医心方《いしんほう》』が有名です。『医心方』は、平安時代、丹波康頼《たんばのやすより》が中国の仙道《せんどう》や延命術等を日本に紹介した本です。**呪術の解説も詳しく書かれているので、多くの仙道解説本の元ネタになっています。**

○あなたも寿命を延ばそう

寿命は、時代を反映して決められています。現代の日本人の寿命は、病院に行って治療を受けることを前提に決められています。あなたの寿命が80歳だとします。この寿命は、能力相応に努力をして、能力相応にお金を稼ぎ、能力相応に家庭を築き、病院等で健康診断を受けて治療することを前提に80歳なのです。

そのため、過労死したり、健康診断を受けずに癌《がん》等を放置しておけば、寿命前でも死にます。また、**善徳を積めば、善徳で寿命を購入して90歳、１００歳まで生きることも可能なのです。**

あなたの能力の平均値が70とします。あなたの運命は、能力平均値70で人生を送った場合に起こる未来の予定です。怠《なま》けていて60の能力で働けば、マイナス10だけ、運命はランクが落ちます。本来、大企業の部長まで昇進し、80歳まで生きる予定が、中小企業の課長になり、75歳で死ぬのです。

逆に、あなたが90の能力で頑張って生きれば、20ランクアップした人生となり、大企業の専務になる運命に変わります。しかし、運が悪い人、悪因縁が重い人は考え方がひねくれており、勉強しないので、努力が出来ません。そこで、**強力な神仏や守護霊に日々祈り守護してもらうことで、努力ができる体質に変えていくことで運命を改善することが大切なのです。**

○考え方の歪《ゆが》みを治せれば健康になる

不健康な人は、変な先祖霊や生霊、悪霊が憑依していることが多いのです。変な先祖霊や悪霊は、あなたの考え方の歪《ゆが》みが呼び込むのです。**あなたが考え方の歪《ゆが》みを改めれば、幸せになれるのです。**そのためには、学問が必要です。悪因縁がある人は、考え方が歪んでいます。考え方が歪むような環境に生まれ、考え方が歪むように育ち、考え方が歪んでいるので不幸になるのです。

また、人を恨《うら》んだり、嫉妬《しっと》すると、あなたの生霊が嫉妬《しっと》の対象に憑依します。生霊はマイナスのエネルギーです。あなたがマイナスのエネルギーを出さないように、嫉妬《しっと》したり、なるべく恨《うら》んだりしないように心がけましょう。こうしたマイナスのエネルギーは、**大《おお》祓《はらひのことば》詞を、毎晩1回唱えると自分で邪気を祓うことが出来るのです。**

○普通の人を龍神が守護することは絶対にない

性欲《せいよく》が強い人は、龍蛇《りゅうだ》系統の眷属《けんぞく》に憑依《ひょうい》されています。眷属というのは神様の家来です。龍蛇系統と書いたのは、龍も神の位を持つ龍神から、蛇が大きくなって角が生えた龍蛇《りゅうだ》や、普通の霊能者が龍神だと信じている自然龍まで、ランクがあるからです。

「普通の人が龍に守護される方法」のような本が売られていますが、普通の人を龍が守護することは絶対にありません。普通の霊能者を守護するのは野良の自然龍か龍蛇《りゅうだ》です。自然龍は、湧《わ》き水や滝がある山等にいます。

しかし、自然龍等を飼うことは、野生の羆《ひぐま》を飼いこなすよりも危険です。自然龍は、雨を降らせたり、病気治しができるくらいです。それでも、人を殺すパワーがあるので、龍を祓う能力がない人にはかなり危険な存在です。

○龍神は神の位を持つ尊い存在

龍神は神の位を持つ龍です。多くの龍は、神仏に仕《つか》えることで修行して龍神を目指しています。自然龍は、神仏に雇用されていない無職の龍なので知恵がありません。

自然龍も統括《とうかつ》する神がおられるので、完全に所属先がない野良の龍は存在しないはずなのですが、龍に神仏の眷属《けんぞく》としての自覚がなければ野良の自然龍になるのです。もっとも、野良の自然龍でも人間を殺すだけの力はあります。神仏に管理されていない状態で放置されているのが野良の自然龍です。人間には、龍をコントロールする力はありません。

龍に守護されたいというのは、台風を家に招《まね》きたいと同義《どうぎ》です。「白蛇に守護される本」なら、まだ理解できます。白蛇の祟《たた》りも死ぬまで続きますが、命までは奪いません。黒蛇、金蛇以外の蛇神は人を殺しません。しかし、龍には人を簡単に殺す力があります。龍を招いて怒らせると殺されるのです。ですから、龍に守護される本というのは龍のことをよくわかっていない霊能者が書いた本です。龍を自在にコントロールできる人が書いた本なら、龍神信仰を止《や》めさせたり、興味を持たないようにあえて解説をしないはずです。

ちなみに矛盾《むじゅん》しているようですが、**今後は龍や白蛇の動かし方の入門書を出版する予定です**。いくら興味を持つなと言っても興味を持つ人が多いので、あえて安全な動かし方の本を出した方が変な龍や蛇に憑依《ひょうい》される人が減るからです。

龍は古来、権力の象徴でした。良くも悪くも権力を与えるのが龍です。悪くもと書いたのは、権力を手に入れたために、破滅《はめつ》する人も多いのです。

◯龍蛇《りゅうだ》にも自然龍にもパワーがある

自然龍や龍蛇、大きな蛇にもパワーだけはあります。また、**白蛇や金蛇等が守護すると金運や出世運がアップします**。しかし、龍や蛇の守護は、神仏や守護霊が監督して行わなければ、人間が生まれてきた目的である魂の成長の道から外れていくのです。龍や白蛇は守護神や守護霊のように、「前世、今世、来世」、死後どうなるかまでを考えて守護することは出来ません。そのため、想念術や引き寄せの法則、魔術でお金持ちになるのと同じ結末になるのです。つまり、善徳を浪費し、徳がなくなれば不幸になり、子孫も不幸になり、本人も死後、地獄で苦しみ、来世はハードな環境に生まれ変わってくるのです。

また、龍や蛇は生命力があるので、性欲が旺盛《おうせい》になり、不倫したり、風俗遊びに走ります。そのため、学問をして修養をしていない人が龍や蛇に守護されると１００％、自滅《じめつ》するのです。

ちなみに、パワースポット等の病気に効く湧《わ》き水等は、龍や蛇が守護をしています。

○龍をおびき寄せる飼育秘伝

龍を引き寄せる方法は、中国の歴史を調べれば簡単にわかります。龍に皇帝を守護させるために、玉璽《ぎょくじ》を金や翡翠《ひすい》にしたり、龍が棲《す》めるように池を掘ったり、大理石で宮殿を作ったりしています。これが、龍を飼う秘伝です。あなたも中国の皇帝のように生活すれば、龍を集めることが出来るのです。

映画『天気の子』ではヒロインが祈ると晴天にすることが出来ました。ヒロインは、廃ビルの屋上にある小さな社に祈った時に、この不思議な力を手に入れました。この不思議な力は、典型的な自然龍の奇跡です。映画では、ヒロインを人柱《ひとばしら》にして東京を晴れさせようとします。

自然龍も、パワーがあれば天気をコントロール出来ます。**自然龍の正体は、意思を持った大自然の霊体です**。人間が修行して守護霊になるように、龍も修行して龍神になるのです。**神である龍神は、絶対に生贄《いけにえ》を求めません**。生贄を要求していた龍が高僧の祈祷で、人々を守護するようになったという言い伝えが日本各地にあります。**これは高僧の法話《ほうわ》を**

聞くことで、自然龍が学習して進化して、生贄が不要になったという意味です。

龍も蛇も生贄のような代償《だいしょう》を必ず要求してきます。**そこで、龍や蛇に直接、祈らずに神社の主祭神に眷属《けんぞく》をコントロールしてもらう必要があるのです。**

○西洋のドラゴンと東洋の龍

東洋では龍は縁起の良い生き物です。しかし、西洋ではドラゴンは魔物です。日本では白蛇は金運の象徴ですが、旧約聖書では蛇はアダムとイヴに智恵の実を食べさせた悪魔です。

東洋でも西洋でも、神や天使が現実世界にご利益を与えるときは、龍等に化身する必要があります。龍は神や天使、神仏の活動形態の一種なのです。現世利益を唯一神のヤーヴェ以外が与えることが出来れば、人々は他の神々も祀るはずです。龍も蛇も現世利益を与えることが出来ます。キリスト教以前の西洋では、蛇は再生の象徴でした。

キリストが空からパンを降らせたり、モーゼが海を割ったりしますが、現実世界で海を割ったり、パンを降らそうとすれば神は繊細《せんさい》で高次元な存在なので龍に化身しなければなりません。不思議なことをする存在を、神として人々が敬うことがないように、龍や蛇を邪悪な存在にする必要があったのでしょう。

○龍や蛇を管理する統括神《とうかつしん》がいる

どうすれば、あなたは、龍や白蛇等を使いこなすことが出来ると思いますか。**まず、龍や蛇等の眷属《けんぞく》を統括《とうかつ》する神に守護してもらう方法があります**。龍や蛇を管理する神仏がいます。そこで、龍を管理している統括神《とうかつしん》に守護してもらえれば、龍を使いこなすことが出来るのです。しかし、この方法には少々、難しい問題があります。**龍そのもの、蛇そのものを管理する大神霊は簡単に人間を守護しません**。無私無欲に役行者のように世のためだけに生涯を捧《ささ》げる必要が出てくるのです。そのため、龍や蛇を管理している大神霊を動かす方法は、現実味がありません。

○三国志の赤壁《せきへき》の戦いで龍が動いた

中国では天才軍師の諸葛孔明《しょかつこうめい》が赤壁の戦いで、天気を変えました。赤壁の戦いでは、天候地理に精通《せいつう》した孔明が、季節風を利用して風向きが変わる日に火攻めをしたことになっています。しかし、敵の曹操《そうそう》も『孫子《そんし》』の編纂《へんさん》をした天才軍略家です。戦場の天候地理の情報を収集するのは兵法の基本です。孔明は赤壁の戦いで、本来、風向きが変わる日ではない日に、龍を使って風向きを変えたのです。

上杉謙信と武田信玄の戦では、真言宗の僧侶である上杉謙信が毘沙門天、不動明王、摩《ま》利支天《りしてん》を祀り、諏訪明神にも祈っています。一方、天台宗の僧侶である武田信玄は諏訪明神に帰依《きえ》し、諏訪明神の軍略で戦っていたのです。2人とも神仏が守護するに値する能力と器《うつわ》があったので神仏が守護していたのです。大河ドラマの『真田丸』では、白山大権《はくさんだいごん》現《げん》の掛け軸が真田屋敷に掛けられていました。真田一族は白山比咩大神《しらやまひめおおかみ》の熱心な崇敬者だったのです。神仏は、祈りさえすれば助けてくれるわけではありません。**強い崇敬心《すうけいしん》と人間の努力、高い能力があって神仏の守護の威徳《いとく》ははじめて発揮されるのです。**

○高級先祖霊の守護で龍や白蛇を使いこなす

龍を自在に使いこなしていた偉人は、日本では役行者や弘法大師等です。あなたも弘法大師や日蓮のような偉人になれれば、龍を使いこなすことが出来ます。けれど、この方法も現実的ではないでしょう。庭に池等を作れば、数メートルの自然龍なら招くことは出来ます。しかし、自然龍が生活するために池を維持したり、卵等のお供えが必要です。また一度、龍等を家に招き池に棲《す》まわせたとしても、あなたの死後、子孫が池を埋めれば100%、龍の祟りで家が潰れ、子孫も祟り殺されます。

では、龍や白蛇、金蛇等のご利益がある存在に安全に守護してもらうにはどうしたら良いのでしょうか。それは守護霊を活用するのです。

生きている時に龍を使いこなしていた高僧等の超高級先祖霊に守護霊か背後霊《はいごれい》になってもらえば、あなたも龍や白蛇を使いこなすことが出来るのです。

あなたの先祖を20代、30代前まで遡《さかのぼ》れば、全ての日本人は親戚です。そして、億単位の先祖霊がいるので、あなたの遠い先祖霊の中に必ず1人か2人は龍を使いこなしていた優秀な先祖がいます。弘法大師、日蓮、伝教大師のような超高級先祖霊です。この超高級守護霊の力を借りるのです。

白蛇に守護してもらう方法はもっと簡単です。**純粋に人々の幸せを祈り続けていた無欲な僧侶なら白蛇が使える高級先祖霊になっています**。白蛇は、神社の神様やお寺の仏様の眷属《けんぞく》です。白蛇を使いこなすポイントは、無欲に他人様の幸せを祈り続けることが出来る宗教家です。現代でも白蛇が守護している僧侶や宗教家は大勢いるのです。けれど、白蛇が守護していた僧侶がお寺の経営に心を奪われ、強い金銭欲や出世欲を持つと、たちまちに白蛇は欲望を表す魔物の黒蛇に変化してしまうのです。

○黒蛇の呪いは人を殺す

霊能力に執着するとその執着心が黒蛇を呼び込みます。霊山《れいざん》で修行する修験道の行者《ぎょうじゃ》の多くは黒蛇に憑依されています。修験道が盛んな霊山には魔物の黒蛇が必ずいます。

また、修験道や仏教系統の霊能者が呪いをかける場合、呪いの本体は黒蛇です。

こうした蛇系統の呪いは、関西なら奈良県の大神神社《おおみわじんじゃ》の大物主大神《おおものぬしのおおかみ》、関東なら埼玉県の三峯神社の主祭神が祓うことが得意です。

呪いは、正体さえわかれば、霊的な効力が落ちます。呪いの種類は、多くても数十種類しかありません。あとは組み合わせで種類が増えるだけです。中国人であれば道教《どうきょう》系の呪い、西洋人であれば黒魔術、インド人はヒンズー教系の呪い、オカルト系の人が呼び込むブードゥー教の悪霊や藁《わら》人形や写真に名前を書いて針《はり》を刺したり、釘《くぎ》を打ち込む方法等がポピュラーです。**呪いは、マイナスの想念術です。**相手が苦しんでいる姿を写真等でイメージすることで成就させます。蠱毒《こどく》という虫を使った呪いの正体も、虫には強い霊力がないので、術者が思い込みで呼び込む魔物が本体なのです。

○龍に守護されて強運になれ

龍も白蛇も、使いこなせる守護霊が必ずあなたの遠い先祖にいます。先祖の高級霊が、あなたを守護したくなるように善徳を積み、社会に有益で優秀な人物になれば、龍や白蛇は、守護霊経由で守護してくれるのです。

また、善徳を増やし、学問に励《はげ》み、世の中のために頑張り、よく神仏に祈り続けていれば、守護霊だけでなく、神社の神様が眷属《けんぞく》の龍神や白蛇を喜んで派遣《はけん》してくれます。神仏が守護をしたり、眷属が守護するためには、善徳という幸せポイントを消費します。**あなたが善徳を増やさなければ、どんなに祈っても、神仏も守護霊も守護できないのです。**スピリチュアル好きの人は、祈りさえすれば神仏が助けてくれると勘違いをしています。神仏も守護霊もあなたを守護するためには、あなたの善徳を消費しなければなりません。よく勉強し、よくスキルアップし、善徳を積んで社会に貢献している人は、神様がぜひとも守護したい人間です。

これ以外の方法で、龍や白蛇に安全に守護してもらう方法はありません。

白蛇は、無欲な人しか守護を出来ません。「宝くじを当ててください」とか、「ギャンブルで勝たせてください」という願いを叶えることは出来ないのです。

○神社の神様に龍や蛇のマネージメントを頼む

龍や白蛇に安全に守護してもらうには、「自分よし、相手よし、社会よし、神仏大喜び」の四方よしの精神が大切です。

総産土神社には、神仏が使う眷属《けんぞく》の龍や白蛇がいます。神社に参拝して、主祭神によくお願いしてください。祈りのポイントは、主祭神95％、龍や白蛇等の眷属への祈りは5％の割合で祈りましょう。必要があれば、神仏が龍や白蛇を派遣してくれます。

○龍神は世界を動かす存在

龍神は、神風を吹かせて元寇《げんこう》を壊滅させるレベルで動きます。龍神は『ドラゴンボール』の神龍のように、個人の願いなら一瞬で願いを叶えることができるので、簡単には守護しません。

出光佐三《いでみつさぞう》氏がイランに石油を買い付けにいく『海賊とよばれた男』という映画がありま

す。龍神が動かれるのも、世界規模のスケールの話だけです。神の位がある龍神は、真剣に人類救済を願っています。石油の買い付けも、日本経済再生のために必要だったので龍神が守護したのです。元寇もモンゴルが侵略してきたので撃退したのです。

あなたの一身上の結婚等の願いであれば、神社に参拝して守護霊の力をパワーアップしてもらい、眷族の白蛇が2、3体守護すれば、120%叶います。もっとも、守護霊をパワーアップさせ、白蛇２、３体に守護してもらうには、限界を超えた努力をして神仏が守護したくなるように善徳を増やす必要があるので簡単なことではありません。

○来世のために今から守護をお願いする

前世で人々を幸せにした人には善徳があります。善徳がある人は幸運です。生まれつき龍や白蛇が守護をしている人もいます。それは、前世、死ぬまで強い信仰心を持っていた人です。龍や白蛇に守護してもらいたかったら、今世から神仏によくお願いしておくのです。他の神仏も、前世、熱心に崇敬《すうけい》し続ければ、生まれ変わってからも守護しています。

生まれつき観音様や毘沙門天が守護している人がいます。前世で一生、観音様や毘沙門天に祈っていたので、生まれた時から守護してくれるのです。

○開運できる神社参拝のマナー

神社参拝にはマナーがあります。服装は、カジュアルよりも正装の方がいいでしょう。神様を敬っていますというあなたの強い想いを伝える手段が正装です。

多くの神社参拝の本では、なぜ作法があり、神様がそれをどう受け止めるのかという一番大事な部分が書かれていません。

大祓詞《おおはらひのことば》や天津祝詞《あまつのりと》、仏教のお経、密教の真言《しんごん》も意味もなく唱えても神様には伝わりません。神様も守護霊もテレパシーで人間が考えていることは、その気になればわかります。祝詞を唱えなくても、お経や真言を唱えなくてもあなたの意思は通じるのです。

真言や祝詞に神様が宿っているわけではありません。神様に通じるのは人間の真心です。そして、本当に神仏を尊敬していれば、美しい称《たた》え言葉となって出てきます。それが祝詞やお経です。また、お経や祝詞は、あなたが神仏はとても尊くどんな願いでも叶えてくれる素晴らしい存在であるという確信を抱《いだ》きやすいように、美しい文章で細々《こまごま》と説明しています。**この祝詞《のりと》の秘伝がわかれば、神仏に願いが通じるのです。**

○運命改善はあなた次第

神仏も守護霊も、努力する人を守護する存在です。開運が人生の目的ではありません。魂のレベルを向上させるために、あなたは人間として生まれてきたのです。開運は、神仏や守護霊の存在を知るための方便《ほうべん》です。神仏や守護霊の存在を実感できるようにご利益があるのです。これをよく理解しておかないと、神社の神様にお祈りしても、守護霊にお祈りしても守護をしてくれなくなるのです。

『ドラえもん』という漫画があります。ドラえもんとのび太が一緒に過ごしたのは１年間です。あとは、自力で努力して、高校・大学に合格し、自然保護を担当する公務員に就職して、のび太はしずかちゃんと結婚しました。ドラえもんは、のび太が努力をするきっかけになりました。また、のび太を含む周囲の人々の人生も良い方向に改善されたのです。ドラえもんが来なければ、のび太と結婚する予定だったジャイアンの妹も売れっ子漫画家になれなかったのです。神仏も守護霊もドラえもんと同じです。

未来は、あなたの努力で改善も出来れば、改悪も出来るのです。

努力しなければ、未来は運命で予定されていたものよりもランクダウンします。そして、努力をすれば運命で予定されていたものよりも、改善されるのです。**神仏や守護霊は、神仏や守護霊の守護を期待して人間が努力しなくなることを嫌がります。**

パナソニックの創業者の松下幸之助氏も信心深い方でした。けれど、信心以上に人の何倍も苦労し努力をしています。神仏にきちんと守護されている人は、若い時に苦労させられることで前世の悪因縁を減らし、努力精進する人間になるように導かれることも多いのです。

○人間関係改善秘伝

大学時代、あるボランティアのサークルに入っていました。ボランティアをやる人は理想主義者が多いので、サークルの運営で揉《も》めます。このサークルでも、幹事長のＢさんと私の同級生のＡさんがいつもサークルの運営で大喧嘩《おおげんか》をしていました。Ａさんが、「林君はＢさんとよく普通に話ができるよね」と言ってきたので、「Ａさんは優しいよね。幹事長のＢさんと喧嘩するのは、相手が話を理解できると思っているからでしょう?」と答えました。そして以下のことを説明しました。

「Ａさんは頭がいいから、Ｂさんの気持ちが理解できないと思うけど、Ｂさんが言っていることは99％間違っているし、Ａさんの言っていることの方が正しいよ。ただね、Ｂさんは、スキーを炎天下の沖縄でやろうという人ですよ。Ａさんは、バカ正直に『沖縄では雪が降っていないから無理です』とはっきり正論をＢさんに言うから喧嘩になるんです。Ｂさんを更迭《こうてつ》して、幹事長を替えてもたぶん、同じことを繰り返すことになるよ。それよりも、Ｂさんが沖縄でスキーをやると言ったら、『そうですね』と言って、北海道に連れて行けばいいんですよ」と。

Aさんは、「さすがに北海道に連れて行ったら、Bさんでも気づくでしょう?」と驚いた顔で言いました。

「騙《だま》されて北海道に連れて行かれたことに気づく人なら、最初から『炎天下の沖縄でスキーをやろう』と言わないですよ。北海道に連れて行って、ここが沖縄と言えば信じますよ。気づく知識がある人なら、Aさんの話をちゃんと聞いてくれるし、こんなに揉《も》めないですよ」

するとAさんが大爆笑して、「これからは、Bさん相手には林君のやり方で対応するね」と言って、サークルが平和に運営できるようになったのです。

人間関係では、まず、誠心誠意、話し合うことが大切です。そして、丁寧に説明してそれでも、本当に話が通じない相手なら、この方法を取れば相手も満足します。こちらも人間関係で苦しむことはなくなるのです。

相手のレベルにあわせるというのは悪ではありません。嘘も方便《ほうべん》の本来の意味は、『法華経』の長者の例えにあるように、相手のレベルにあわせて教えを説くということです。

嘘は、私利私欲でつけば悪霊に憑依されます。けれど、誠心誠意、真心こめて、相手の幸せを真剣に祈って、相手のために嘘をつけば、その嘘で神仏が動くのです。『法華経』の長者の例えも、行方不明の長者の息子と再会し、長者は声をかけました。けれど、貧乏生活で、行方不明だった息子は長者をおびえる卑屈《ひくつ》な人間になっていたのです。**ゆえに、最初から嘘をつくのは方便ではありません**。最初は、本当のことを教える必要があるのです。それでも、相手が理解できない場合に、方便を使うのです。

コミュニケーション力の神仏は、出雲大社の大国主大神《おおくにぬしのおおかみ》と三面大黒天、弁財天と宗像大社の宗像三姫です。**三面大黒天真言の「おん・まかぎゃらや・そわか」や弁財天真言の「おん・そらそばていえい・そわか」**を唱え、相手の守護霊に祈りこんで仲良くなるという**神仏や守護霊を動かす方法と相手の理解レベルにあわせて応対してあげる慈悲の心の併《へい》用《よう》が大切です**。

あとは、不動明王と毘沙門天にもよくお祈りしてください。クレーマーや変な人には悪霊が憑依しているので、優しい神仏と怖い神仏の両方にお願いしてください。

第4章

悪霊を撃退し悪因縁を切れば幸せになれる

○幸せを魂レベルで確信できれば開運できる

あなたは、幸せを確信すれば必ず幸せになれます。

けれど、世の中には幸せを確信することが出来ない人が多くいます。なぜ、あなたは、幸せを確信できないのでしょうか。

1点目、悪霊が憑依《ひょうい》してマイナス思考にして、幸せを確信することを出来なくしています。2点目、潜在意識《せんざいいしき》の奥にあるあなたの魂が幸せになることを拒絶《きょぜつ》しているからです。前世の罪を償《つぐな》うために幸せになることを魂が拒否しているのです。**想念術や催眠開運法等で潜在意識に、「幸せになれる」と暗示をかけても潜在意識は霊界、心の世界にあります。霊界より偉い神界からのパイプになっているあなたの魂が幸せを拒否すればプラスの暗示をかけることは出来ません。**心の世界の問題は、暗示や想念術で解決できる部分もあります。けれど、魂レベルの問題は神仏にお願いしなければ解決が出来ないのです。

○マイナス思考から抜け出す悪霊祓い

幸せを確信できない場合、この方法でマイナス思考を切り替えます。

1　天津祝詞《あまつのりと》を数回唱えます。

2　十言の神呪《かじり》を何百回も唱えます。

3　光明真言を何十回も唱えます。

プラスの神仏を呼び込むことで、プラス思考に切り替えるのです。神仏や守護霊は100％来ると盲信《もうしん》しなければ来てくれません。1％でも疑えば、神仏や守護霊のパワーは10分の1、100分の1以下になります。99％信じていても、力が10分の1、100分の1以下に落ちるのです。

これが、高学歴な人や頭の良い人が幸せになれない理由です。頭が良い人は盲信《もうしん》しません。スピリチュアル本を読んで何の疑いもなく幸せになれると盲信している頭が良くない人の方がはじめは開運するのです。けれど、あまり頭の良くない人は勉強をしないので、すぐにご利益がストップします。

開運の秘訣《ひけつ》は、幸せになれそうなことは、とりあえず盲信《もうしん》することです。ただし、犯罪に繋がることは信じないようにしてください。あとは、社会常識で判断してください。神仏はあなたが幸せになるための手段であり目的ではありません。**あなたが、何らかの方法で幸せになればそれで良いのです。**盲信した方が神仏の守護の結果は早く出ます。けれど、最初から盲信するのは危険です。ですから、疑いながら、試行錯誤《しこうさくご》して、時間をかけて神仏や守護霊を信じれば良いのです。

○守護霊を信じれば誰でも幸運体質になる

守護霊《しゅごれい》がいるかもしれないと半信半疑で努力をすると、今まで1の努力で0・8の結果しか出なかった人なら、1・2倍ぐらいの結果が出ます。神仏と守護霊がいるかもしれないと思って、努力をすれば1の努力で、善徳が足らずに50％の結果しか出なかった人でも、70％ぐらいの結果は出ます。

悪因縁があっても、努力をすれば、努力で増えた善徳で守護霊は守護するので、結果は必ず良くなります。

努力するというのは、今の1・2倍～1・3倍以上、仕事や勉強の質と量を増やすことです。それでも、高学歴難民が増えているので、お金の悪因縁は1つの目安として同じ学歴（同じ学部、同じゼミ）、同じ職業の人と比較して年収が高いのか、低いのかを観察してください。

最終学歴の同級生と比較して、年収が高いか、低いかをみなければ悪因縁が理由なのか、学歴や能力が低いのが理由なのかがわかりません。

○お金に意識を向ければお金持ちになれる

作家や芸術家は、貧乏な人が多いのです。なぜなら、意識が作品より、お金に向くと創作活動が出来なくなるからです。貧乏だったゴッホや宮沢賢治も、お金のことばかり考えていれば、生前、作品がかなり売れたはずです。

裕福ではない人は、1．お金さんに意識が向いていない、2．お金になる職業の特性を

理解していない人です。お金さんに意識を向け、お金になる仕事をやれば収入が増えるのです。**お金は、人の欲望を物質化したものです**。社会的に意義がある仕事はそれほどお金になりません。お金が欲しければ地獄に落ちて来世、お金の悪因縁で苦しむ覚悟で、そういう仕事をすれば良いのです。お金持ちになるということは、人の欲望をコントロールするテクニックを磨《みが》くということです。ですから、社会的意義が低く、人の欲望を満たす仕事ほどお金になります。これが、お金の特性です。とはいえ、**ほどほどに名声を残して、ほどほどに裕福になれば良いのです**。

○悪因縁と善徳はセットになっている

悪霊を祓えば、幸せになるかというと、幸せになりやすくはなります。けれど、最初に書いたように、あなたの潜在意識の奥の魂に、前世の罪の記憶があり、あなた自身が不幸になることで罪の贖《あがな》いをしようとします。あなたが前世で、人を苦しめている場合、あなたが苦しむような進路に行くことで、自発的に悪因縁を解消します。結婚の悪因縁は、この異性と交際すると必ず不幸になるという人を好きになり苦しむことで解消されます。社会運の悪因縁は、この仕事を選んだら、パワハラを受けたり貧乏になって苦しむことで解消されているのです。

悪因縁と善徳は、セットになっていることも多いのです。例えば、政治家や官僚が大増税して日本の財政破綻《ざいせいはたん》を防いだとします。けれど、大増税すれば倒産する零細《れいさい》企業も出てくるでしょう。この場合、国の財政破綻《ざいせいはたん》を救ったという善徳と、企業を倒産させたという悪因縁がセットになっているのです。

善徳が多い人は、悪因縁もセットで持っていることが多いのです。

○あなたを不幸にする悪霊軍団

人には様々な悪霊が憑依しています。まず、あなたの先祖を恨む祟《たた》り霊、怨念霊《おんねんれい》です。10代、20代遡《さかのぼ》ると膨大《ぼうだい》な先祖がいます。守護霊になる高級先祖霊がいる一方、人を殺したり、人を苦しめた先祖も必ずいます。

戦後は個人主義が発達したので、加害者だけではなく加害者の子孫まで根絶やしにしようと恨む被害者はあまりいません。けれど、戦前は個人よりも家が大事という価値観を植えつけられていたので、加害者だけではなく、加害者の子孫にも報復《ほうふく》しようとする怨念霊がいるのです。ただし、10代、20代前の先祖が犯した罪の場合、子孫の数も膨大《ぼうだい》になるので、祟る霊も「どの子孫まで祟っていいのか」と気持ちの整理がつかないのです。**という より、気持ちの整理がつけば成仏できるのです。**

○祟り霊の気持ちを理解しよう

忠臣蔵《ちゅうしんぐら》でも、赤穂浪士《あこうろうし》は浅野家が断絶《だんぜつ》した報復として、吉良上野介《きらこうずけのすけ》と上杉家から養子にきた吉良の後継者の殺害のために討ち入りを行います。これは、典型的な戦前の祟り霊、怨念霊《おんねんれい》の発想です。**血縁関係者より、苗字《みょうじ》が同じ人間に報復するのです。結婚したり、養子に行って苗字が変わってから急に不幸になった場合、祟り霊、怨念霊が原因です。**

人は死んでから、学習することが出来ません。死んでからも学習し、スキルアップし進歩している霊は守護霊になっています。江戸時代に死んだ人は、江戸時代のままの価値観で現代まで祟っているのです。

◯自己流の除霊《じょれい》は悪霊を呼び込む

ネットや本等の知識で中途半端《ちゅうとはんぱ》に除霊をした場合、どうなるでしょうか。祟り霊や怨念霊を刺激し怒らせ、除霊をした人も除霊を受けた人も不幸になります。

中途半端《ちゅうとはんぱ》に除霊をやるくらいなら、「霊は存在しない」と確信して、日々、努力精進した方が人は幸せになれるのです。

お経を聞かせたり、「成仏して霊界に行った方がいいですよ」と人間に言われて納得して成仏《じょうぶつ》する霊なら、最初から祟りません。何百年スパンで祟っている以上、絶対に許せないから祟っているのです。そんな霊に生半可《なまはんか》な知識と覚悟で関わるとどうなると思いますか。逆上して、関わった人間を不幸にします。**はっきり書くと殺しに来ます。**

「祟るのは良くないし、仏教では慈悲が大事だが、自分は地獄に落ちても許すまじ」と祟っている頭の良い霊もいます。**祟りは、理屈ではなく感情です。理屈では祟るのは良くないと思っていても、感情的に許せなければ祟るのです。**

○悪霊からあなたを強力にガードする神仏

悪因縁を解消しなければ、祟り霊や怨念霊を成仏《じょうぶつ》させることは出来ません。**祟り霊や怨念霊は、不幸の原因ではありません。**悪因縁があるから祟り霊や怨念霊に祟られるのです。**悪霊が原因で不幸になることは絶対にありません。悪因縁が原因で人は不幸になるのです。**

幸せになるために大切なことは、善徳を積んで悪因縁を解消するまで神仏にガードしてもらうことです。毘沙門天、不動明王、修験道の本尊《ほんぞん》の蔵王権現《ざおうごんげん》、仏界では最強の大元帥《だいげんすい》明王《みょうおう》の4仏に日々お祈りして悪霊からガードしてもらいましょう。神社の神様なら奈良県の大神神社《おおみわじんじゃ》の大物主大神《おおものぬしのおおかみ》、埼玉県の三峯神社の神様、長野県の諏訪大社の建御名方大《たけみなかたのおお》神《かみ》、日本神界では最強の武甕槌大神《たけみかづちのおおかみ》、経津主大神《ふつぬしのおおかみ》等の神様は悪霊からガードする力があります。これらの神仏は、祟り霊や怨念霊を祓うメンバーではなく、魔界に魔王を抹殺《まっさつ》しに行く時の最強メンバーです。

ですから、いつもお祈りして、勉強して頭を鍛《きた》えて、体力をつけると悪霊もあなたを守護している神仏が怖すぎるので不幸に出来ないのです。

○若い間に悪因縁を解消しよう

神仏の守護で、悪霊からガードをしていても年をとって精神的、肉体的に弱体化した時に悪霊はやってきます。ですから、**悪霊を呼び込む悪因縁は元気な若い時に解消しておいた方が良いのです**。善徳がたくさんあれば、観音様や神仏が死ぬまで守護してくれます。あなたの善徳で先祖霊も地獄や低い霊界から少し上の霊界に神仏が連れて行きます。地獄に落ちている先祖霊は、地獄に落ちるようなことをやっているので、無条件で天国に連れていくことはどんな神仏でも不可能なのです。阿弥陀如来《あみだにょらい》やお地蔵様でも、無条件の救済は出来ません。

○好きではない神仏に祈るべき理由

不幸な人は不動明王に祈る傾向があります。毘沙門天にも祈るようにとアドバイスをしても祈りません。**なぜなら、その人に憑依《ひょうい》している悪霊の弱点が毘沙門天だからです**。不動明王、毘沙門天、蔵王権現、大元帥明王の4仏はセットで祈ってください。この4仏は祓える悪霊の種類が違います。もしも、お祈りするのに気が進まない仏様がいたら、あなたに憑依している悪霊の弱点がその仏様です。

不動明王を呼ぶ方法は、弘法大師に「南無大師遍照金剛《なむだいしへんじょうこんごう》」と祈ってお呼びします。蔵王権現は、神変大菩薩《しんぺんだいぼさつ》の役行者によくお祈りしてから、蔵王権現にお祈りしてください。南無大師遍照金剛や神変大菩薩は、高級霊を呼ぶ呪文です。**「南無大師遍照金剛の弘法大師様」、「神変大菩薩の役行者様」、「天満大自在天神の菅原道真公」のように使ってください。**

○高級霊に守護してもらう凄い秘伝

超高級霊の場合、神社の神様や仏よりもランクが高い人もいます。普通の神仏よりランクが上なので、超高級霊は神仏を動かし、龍神等も自在に使いこなせるのです。

超高級霊を呼ぶ方法は、1点目、宇宙創造の絶対神によくお祈りをして、次に観音様にお願いして、弘法大師や役行者等の高級霊に祈ります。神仏と人間を作った絶対神や観音様は、真剣に祈れば守護をしてくれます。ちなみに、誰が祈っても守護してくれるのは観音様、阿弥陀如来、お地蔵様の3仏だけです。他の神仏は、守護する価値がない人を守護しません。**観音様の真言は、「おん・あろりきゃ・そわか」です。**南無観世音菩薩でも呼べます。**阿弥陀如来の真言は、「おん・あみりた・ていせい・から・うん」です。**南無阿弥陀仏でも呼べます。**お地蔵様の真言は、「おん・かかか・びさんまえい・そわか」です。**

高級霊を呼ぶ2点目の方法は、あなたの守護霊、先祖霊の中で弘法大師や役行者の弟子だった人に頼んで師匠《ししょう》の高級霊を呼んできてもらう方法です。弟子の弟子の弟子ぐらいの高級霊なら先祖霊に必ずいます。弟子の先祖霊から師匠の高級霊にあなたを紹介してもらうのです。

◯大日如来《だいにちにょらい》を呼ぶ方法

大日如来《だいにちにょらい》は、密教等の最高神の一体です。絶対神にお願いすれば、呼ぶことが出来ます。久遠実成《くおんじつじょう》の釈迦牟尼仏《しゃかむにぶつ》や宇宙仏の久遠仏《くおんぶつ》がおられるので大日如来は絶対神ではありません。

大日如来は、鎮護国家《ちんごこっか》や自分や家族や親戚、友人以外の幸せを祈祷するためにお呼びします。自分や家族、親戚、友人の開運のためだけに大日如来を呼ぶことは出来ません。**大日如来の真言は、「おん・あびらうんけん・ばざら・だどばん」です**。仏に祈る時に、光明真言と大日如来の真言をプラスすると仏がパワーアップします。

◯霊力は開発する動機が大切

霊力があろうとなかろうと、弘法大師、役行者、行基菩薩《ぎょうきぼさつ》、日蓮は超一流の学者であり、社会慈善活動家であり、政治家でした。行基菩薩は、『西遊記』で有名な三蔵法師の孫弟子です。日本に『論語《ろんご》』を伝えた中国系の王仁《わに》氏の出身です。行基の師匠が直接、中国で三蔵法師に学んでいます。役行者も朝廷の陰陽頭をやっている賀茂《かも》氏出身で、先祖は大物主大神です。神仏のことを学ぶだけでなく、高い教育を受けていたので、高い教養もあったのです。いきなり山で荒行をはじめたのではなく高い教養があり、神仏習合型の修験道を考案《こうあん》する知力がありました。

高僧は、霊能力を身につけようとして、身につけたわけではありません。仏教の真実の教えを知り、世の中の人々を救いたいと考え、その結果として法力《ほうりき》を得たのです。

弘法大師、日蓮、役行者等は、己のためではなく利他のスキルアップをしています。人々を救ってくださいと神仏に祈りながら、利他のスキルアップを実行したのです。自分自身が幸せになるための修行やスキルアップはしていません。この部分を理解することが出来ない人が、霊能力を開発しようとすると１００％、悪霊に憑依されます。**宗教や霊能力でしか人を救えないという発想は間違っています。立派な政治家、経営者、医者、公務**

員、会社員等の社会人になった方が、世の中を改善し人々を幸せに出来るのです。

○生霊はいいがかりで9割が憑依《ひょうい》している

生霊《いきりょう》はいいがかりで憑依している霊が9割です。「いい大学に行って羨《うらや》ましいなあ。結婚していて羨ましいなあ。持ち家があって羨ましいなあ。子供がいて羨ましいなあ」。生霊の正体は、あなたに対するジェラシーです。高学歴で、ステータスが高い人は100%、大量の生霊が憑依しています。けれど、ホームレスや刑務所の中にも序列があります。底辺の人にも、もっと底辺の人の生霊が憑依しています。

生霊は、出している相手と理由がわかれば弱めることができます。しかし、嫉妬《しっと》の生霊はほとんど話したことがない同級生や友達の親、ほとんど交流がない人が原因です。**親戚等の生霊も要注意です**。「自分は独身なのにあの人は結婚出来たのが羨ましい」と生霊を出すのです。こうした生霊は数が増えると狂暴な悪霊になります。また、生霊が他の生霊を呼び込み、不幸な人はますます不幸になります。

生霊は、その人の魂の一部です。人を妬《ねた》んだり恨むと魂の一部が相手に憑依するので、魂が欠落《けつらく》します。**この欠落した部分に悪霊が巣を作るので、生霊を出すと必ず不幸になります**。また、生霊は相手に憑依している悪霊もセットで攻撃してきます。**そこで、生霊は毘沙門天、不動明王、蔵王権現、大元帥明王の4仏によく祈ってガードしてください。**

○神仏の守護パワーを強化する秘伝

どの神仏でも最初にお祀りした人、神社やお寺に神仏を降ろしてお祀りした人が必ずいます。毘沙門天は、蘇我《そが》氏と物部《もののべ》氏の戦の時に聖徳太子がお祀りした仏様です。そのため、聖徳太子への篤い崇敬《すうけい》の想いがないと毘沙門天は、快《こころよ》く守護してくれません。比叡山《ひえいざん》の延暦寺《えんりゃくじ》に祀られている三面大黒天は、最初にお祀りした伝教大師へのリスペクトがないと守護してくれません。七面大明神《しちめんだいみょうじん》は、日蓮上人へのリスペクトがないと守護してくれません。蔵王権現は役行者へのリスペクトがないと守護してくれません。

誰がどの神仏を最初に呼び出して、熱心にお祀りをしたのかはとても大事なことなので

す。天照大御神は、日本を建国した神武天皇や、伊勢神宮を建立した倭姫《やまとひめ》をリスペクトすると3倍以上、強力に守護してくれるのです。

つまり、開祖へのリスペクトが大事なのです。白山比咩神社《しらやまひめじんじゃ》は泰澄上人《たいちょうしょうにん》が開山されたので、泰澄上人をリスペクトするとご神徳《しんとく》が倍増します。

お寺は、行基菩薩《ぎょうきぼさつ》、神社は役行者がだいたい最初に開いています。創建者がわからない神社は、神武天皇や役行者をリスペクトしてください。行基への祈り方は、行基菩薩様。役行者は、「神変大菩薩《しんぺんだいぼさつ》、役行者様」とお祈りします。

毘沙門天は聖徳太子、七面大明神は日蓮、三面大黒天は伝教大師、蔵王権現は役行者が天界から呼んできたのです。日本密教は、弘法大師が仏の世界である法界《ほっかい》から日本に仏様を連れてきたのです。神仏を使いこなしていた開祖への恩と尊敬の念、リスペクトがあってはじめて、毘沙門天も三面大黒天も守護するのです。弘法大師や伝教大師を嫌いな人を密教の仏は守護しません。神武天皇や役行者を嫌いな人を神社の神は強力に守護しません。**開山、開祖をリスペクトすることで、神仏も快く守護してくださるのです**。

○大きな願いは神様に、小さな願いは仏様に頼む

仏や守護霊は、祈ればその日のうちに動いてくれます。１秒後や10分後と、分単位で動いてくださるのが守護霊や仏です。仏は小回りが利くので、聖徳太子が庶民《しょみん》のために仏教の仏を天界から日本に呼び出したのです。

官幣大社《かんぺいたいしゃ》の神々は、１ヶ月～1年単位で動きます。

宇宙の天帝は、人の命運を変えることが出来ます。けれど、宇宙の天帝は最高神なので、あなたの願いを叶えるのに、数十年スパンの時間が必要です。

天照大御神より前に生まれた伊邪那岐大神《いざなぎのおおかみ》と伊邪那美大神《いざなみのおおかみ》、天之御中主大神《あめのみなかぬしのおおかみ》も最高神です。最高神は、願いを叶えるのに数十年スパンの時間がかかります。

日本の神霊界は、神仏習合《しんぶつしゅうごう》しています。実現に時間がかかる大きな願いは大きな神社の神が叶え、急ぎの小さな願いは仏や守護霊が叶えることで、大きな願いも小さな願いも叶えることができるようになっているのです。

○絶対神に祈れば神仏は必ず動く

絶対神に祈ればすぐに聞いてくれます。けれど、絶対神は人間を直接守護することはありません。では、絶対神を信仰する理由は何でしょうか。全ての神仏や人間は、絶対神の化身か絶対神が作った存在です。神仏は、絶対神の許可があって、はじめて全力で守護することが出来ます。

最高神に願いを届けるには、10年以上祈り続ける必要があります。もちろん、毎日、伊勢神宮に参拝し続ければ1００日目、1年目ぐらいに神社の眷属《けんぞく》が、毎日、参拝に来ている人がいますと神様に報告をしてくれます。けれど、絶対神にお祈りすると1００分の1のスピードで神仏も動いてくれるのです。

守護霊も絶対神にお願いしてから、守護霊に祈りましょう。守護霊も絶対神を信仰しているので願望成就のスピードが速くなるのです。

神社の神様も守護霊も、人間も絶対神の部下です。また、日本神界の責任者は天照大御神です。絶対神と天照大御神に報告、連絡、相談のホウレンソウをしないと、部下の神仏は守護出来ないのです。

○天照大御神はあらゆる繁栄の元神《もとがみ》

天照大御神は子孫の代表として天皇陛下を守護しています。天皇陛下が繁栄《はんえい》すれば、日本国が繁栄し、日本に暮らす全ての人が豊かになれるのです。天照大御神が、日本に暮らす全ての人を守護するために、天皇陛下がおられるのです。天照大御神は、天皇陛下を通じて、間接的に日本に暮らす人々を守っているのです。

天照大御神の働きがなくなれば、地上を邪気《じゃき》邪霊《じゃれい》が跋扈《ばっこ》します。太陽がなくなれば、農作物も育ちません。

あらゆる繁栄の元神が天照大御神です。**天照大御神は、日本の国運そのものを守護しています**。国運が上がれば景気も良くなります。国運が弱まれば不況になり、戦争に巻き込まれたり、疫病《えきびょう》が流行します。

国運が下がるのは神のせいではなく、その国に暮らしている人間の悪業《あくごう》から生まれた悪因縁が原因です。個人の悪因縁と同じように国にも悪因縁があります。開発途上国からの不当な搾取《さくしゅ》、奴隷貿易等の悪業《あくごう》で国運は低下します。

歴史上、ローマ帝国、スペイン、大英帝国、世界の覇権《はけん》を握った国は多くあります。けれど、必ず衰退《すいたい》しています。それは、その国が行った悪業によって国運が低下したのが原因なのです。

○必要な神仏や守護霊を動かそう

天界は天照大御神が管理し、地上のことは素戔嗚大神《すさのおのおおかみ》や大国主大神《おおくにぬしのおおかみ》に任せています。そのため、現実世界のことは、出雲大社の大国主大神や素戔嗚大神《すさのおのおおかみ》にお願いしてください。

神仏や守護霊は、ＯＪＴで人間を守護しています。全ての働きを特定の神仏が担うと、他の神仏が育たなくなるので仕事を分担《ぶんたん》しているのです。

守護霊は、背後霊《はいごれい》や先祖霊を含むチームで人間を守護しています。元人間の守護霊は万能ではありません。得意分野が異なる高級先祖霊を集めて守護霊団、背後霊団というチームを作っています。背後霊は、守護霊団の中の守護霊ではない先祖霊です。守護霊もＯＪＴで守護霊候補の背後霊《はいごれい》の育成をしています。守護霊が人間の守護を全部やってしまうと、他の背後霊や先祖霊が育たないので、あなたの守護を背後霊や先祖霊に割り振っているのです。ちなみに、守護神は守護霊や背後霊の管理が仕事です。ですから、直接、人間を守護しているわけではありません。

また、どんなに神仏や守護霊に祈っても、あなたの器相当《うつわそうとう》の神仏や守護霊しか守護することは出来ません。**あなたの能力を向上させるスキルアップが、パワーのある高ランクの神仏や守護霊の守護を受けるために一番重要なことなのです。**

◯モテるためにはこう祈る

守護霊は、「モテたい」という願いを笑いません。本気で、あらゆる異性にチヤホヤされたいと願えば、あらゆる異性にチヤホヤされるような人間になれるように鍛《きた》えてくれるのです。モテるというのは、人タラシです。人タラシというのは、田中角栄や豊臣秀吉等です。彼らは、若い時に苦労することで、人の気持ちがわかるようになり、人タラシになれたのです。つまり、**神仏や守護霊に、「モテたい」と祈るとモテる人間に育成するために、人生がややハード・モードになるのです。**

○家系図《かけいず》供養の秘儀《ひぎ》

あなたが幸せになるための先祖供養の秘儀《ひぎ》を説明します。先祖供養の目的は、先祖霊の死後の世界の待遇《たいぐう》を改善することです。

1人暮らしの人が増えました。ワンルームに設置できるモダン仏壇《ぶつだん》等もありますが、仏壇は1家に1個あれば十分です。実家や本家等で、先祖代々の位牌《いはい》を仏壇で祀っていれば、先祖霊はそこにいきます。霊が地上に降りるには、物質に宿る必要があります。これを依《より》代《しろ》と呼びます。位牌《いはい》やお墓は、依代《よりしろ》として先祖霊が利用しています。守護霊の依代《よりしろ》は、あなたです。人間を依代に使えるのは、守護霊と背後霊だけです。守護霊や背後霊以外の先祖霊は人間を依代に使えません。

儒教《じゅきょう》の孔子《こうし》は、実は霊能者です。そこで、先祖霊の依代として位牌を採用したのです。『論語』では、孔子は霊のことを質問した弟子に、この世のことも出来ていないのに霊のことを語るなと助言しています。私が受験やスキルアップの話を書いているのと同じように、弟子がスピリチュアルに現実逃避することを孔子も心配しこのように助言したのです。

念仏信仰では、阿弥陀如来がいつか必ず極楽浄土に連れていくと教えています。では、阿弥陀如来《あみだにょらい》への信心《しんじん》がなかった先祖霊は救済されているのでしょうか。阿弥陀如来は、全ての人類が死後、すぐに全員、信心を持ち救済されるとは言っていません。いつか必ず救済するということであれば、あらゆる神仏が救済するつもりでいます。

法然上人《ほうねんしょうにん》が開いた浄土宗では、阿弥陀如来への信心が重要であると教えています。お経にも「阿弥陀如来を心から信じ、10回でも南無阿弥陀仏と唱えたら必ず極楽浄土に往《おう》生《じょう》させよう」と書いてあります。死んでから、１２０％阿弥陀如来が救済してくださると信じて、「南無阿弥陀仏《なむあみだぶつ》」と真剣に唱えれば阿弥陀如来は救済にやって来ます。ただし、阿弥陀如来でも地獄から無条件に引き上げることは出来ません。絶対神が許可しないからです。

ある程度以上、学問があり、感謝の心がある人は地獄に落ちません。そういう人は地獄に落ちても、「神様、自分のような悪人を救ってくださってありがとうございます。頑張って地獄で修行します」と真剣に感謝します。この感謝の気持ちを本心から持っている人は、地獄に落ちません。また、現代人は、戦国時代のような環境で生活しているわけではないので、基本的に地獄に落ちません。死んだら、天国でも地獄でもない普通の霊界に行くのです。

さて、あなたにも出来る先祖供養の秘儀《ひぎ》は、家系図《かけいず》を使います。家に仏壇《ぶつだん》や一族の位牌《いはい》がない場合には、自分で家系図を書いて、そこにあなたの全ての先祖霊がいると確信して、観音経を唱えます。**『阿弥陀如来根本陀羅尼《あみだにょらいこんぽんだらに》』**も先祖霊の苦しみが癒《いや》されるので唱えると先祖霊に喜ばれます。

死んだら、生き返ることはできないので、きっぱり諦《あきら》めて霊界に行き来世、幸せに暮らせば良いのです。この気持ちの切り替えができないと、死者の霊は、この世に未練《みれん》を抱いたままで永遠に成仏が出来ないのです。

先祖霊には、「死んだら霊界に行かなければいけないこと。死んだ以上、理由がわからなくても寿命だからきっぱり諦《あきら》めて前向きに霊界で暮らすこと。そうすれば霊界での生活待遇がよくなること」をよく説明して、観音様メインで祈ります。

死ねば肉体はなくなり霊体《れいたい》になるので、一切の傷も病気も治ります。霊体は現実世界の傷や病気で苦しみ続けることはないのです。

観音様に一心《いっしん》に、霊界に連れて行ってくださいと祈ってください。死者の霊にも、観音様に助けてもらって、苦しみと迷いを取り除いて幸せにあの世で暮らすように説得してください。「生前は生前、死後は死後」と割り切れば、事故死でも、殺されても成仏することが出来るのです。

第5章

あなたにも出来る運命改善の秘術

あなたを不幸体質から開運体質、幸運体質に変えるための価値観のインプットのための応用編がこの第5、6章です。基本的なことは第4章までに書いてあります。あなたの価値観が変われば、行動が変わります。行動が変われば神仏や守護霊の守護パワーが強化されるので、運命が改善されるのです。

○願望が現実化する写真ビジュアル化秘伝

願望実現化の強力なプロセスは、写真を使ってイメージをビジュアル化して明確にすることです。婚活中の人は、結婚式のプランを結婚式場のパンフレットを貰ってきて作りましょう。これから、あなたが結婚して住む予定の家のモデル・ハウスを見学し、住む家も決めてください。

想念術は、善徳を抜きにすればあなたの脳内妄想《のうないもうそう》をリアルに描《えが》けば実現します。**想念術に神仏と守護霊の守護、そして善徳《ぜんとく》の貯金**が加われば、叶わない願いはありません。

願望は、ビジュアル化して毎日、念じ続ければ5年以内に実現します。願望が実現しない人は、イメージを描くのが下手なのです。密教の僧侶には、願望実現化が上手な人が多くいます。密教には、炎の中に不動明王がいる姿をイメージし続けるような想念術のトレーニングが含まれているからです。開運系の想念術は、密教や仏教の唯識論《ゆいしきろん》が元ネタです。結婚式場の写真や就職先、転職先の写真を使って結婚できた、就職できたと毎日、イメトレをしてください。願望実現力がパワーアップします。

○欲しいものを手に入れる秘訣

お金が欲しいとか、恋人が欲しいとか、ＰＣが欲しいとか、何かが欠乏《けつぼう》している状態を考えてはいけません。

何かが欲しいと思い続けると、霊界では、欲しい＝欠乏《けつぼう》している霊界が出来上がります。欠乏霊界が出来ると、欲しいものが手に入らなくなるのです。欲しいという状態は、手に入れていない状態です。**想念術では、欲しいものはすでに手に入っているとイメージします。あなたの願望はすでに成就していると考えるのです。**

ただし、こうした方法は霊的に見れば魔術です。魔術にならないように、神仏に祈り、努力とスキルアップをして、「手に入っている。願望は成就している。お金持ちになっている」と確信してください。

○宝石や高級時計、高級自動車等を高いと思わないこと

地上のあらゆるものは、自然界のいくつかのエネルギーの組み合わせで出来ています。『老子《ろうし》』の中で、1は2を生じ、2は3を生じ、3は万物を生ずるというのは、数魂《かずたま》と数霊《すうれい》の秘儀《ひぎ》です。無から陰陽《いんよう》が生まれ、陰陽から物質化が始まり、あらゆるものが生まれるのです。地上に存在するものであれば、宝石でも高級車でも、大邸宅でも、あなたが努力をして、神仏が許せば手に入るのです。値段が高いと思うと、手に入らないという意識の壁が出来て、永遠に手に入らなくなるのです。

必要があれば、何でも神様は努力に応じてプレゼントしてくれると確信することが重要です。

スピリチュアル系の人の問題点は、「努力しなくても願えば叶う」と確信していることです。努力と善徳に応じて、あなたの願いは100%叶うのです。

○結果からなぜ手に入ったかをクリエイティブする

1千万円が欲しかったら、あなたの目の前に1千万円があると確信してください。そして、「どうやって自分がこの1千万円を手に入れたのか」を思い出してください。先に、1千万円を入手したという霊界を作り、どういうプロセスで手に入ったのかを考えるのです。霊界は時間を超越《ちょうえつ》しています。霊界は、過去にも、未来にも繋がっています。恋人や結婚相手が欲しかったら、すでに交際している、結婚していると確信します。

そして、「どこで出会って、どうやって付き合って、どういう風にプロポーズして、あなたの目の前にいるのか?」を思い出してください。霊界は、過去・現在・未来が同時に存在します。すでに結婚していると確信すれば、そういう霊界が出来るのです。

○札束《さつたば》の写真を持ち歩こう

あなたの目の前に、札束《さつたば》があると確信してください。そして、札束の写真を持ち歩きましょう。5年間、続ければ宝くじの高額当せんも可能です。ただし、当せんすることで運は激減するので奨《すす》めません。くだらないように思えることが、イメージ力と確信力の訓練なのです。**善徳は大切です。けれど、イメージ力で「札束が私の目の前にある。その札束を触ることが出来る。お金が舞い込んでくる」という霊界を作ってから、善徳を積み努力すれば、より強固な金運をつかむことが出来るのです。**

○すぐにお金が増えていく秘伝

お金持ちは金運があると思っているから、お金持ちなのです。**金運があるからお金持ちになるのではなく、金運があると確信している人がお金持ちになるのです。**

ボロボロの紙幣《しへい》がATMから出てきたとします。ボロボロの紙幣こそ、大事にしましょう。映画『千と千尋の神隠し』には、汚いオクサレ様が出てきました。主人公がお風呂で綺麗に身体を洗ってあげると、オクサレ様は川の神様に戻り、砂金《さきん》を撒き散らして帰っていきました。同じように、ボロボロの紙幣を大事に扱うと、あなたのところに行けばお金は大事にしてもらえる、もてなしてもらえるという大金運霊界が出来るのです。そして、お金は仲間のお金を集めてくれるのです。

○ゴージャスな生活を叶えよう

あなたが願った以上の霊界は作り出せません。天国はゴージャスです。お釈迦《しゃか》様も王子としてゴージャスな生活を体験しています。お金持ちが清貧《せいひん》に生きるのは良いことです。ゴージャスに生きられる善徳があっても、貧しく生きるのであれば問題はありません。

お金は、人間の欲望の象徴《しょうちょう》です。お金持ちの生活を体験したところで、お金は手段と達観《たっかん》しないとあなたの人生はお金にコントロールされるのです。ゴージャスな霊界を作り上げ、ゴージャスな生活を体験してください。

○セレブ霊界を引き込む秘伝

セレブ霊界を呼び込むには、愛用品をセレブが使うものに変えることが大切です。宮内《くない》庁《ちょう》御用達《ごようたし》、英国王室御用達のように、皇室や王室御用達を愛用しましょう。ロイヤル・ファミリーの御用達品を愛用することで、皇室・王室のロイヤル霊界から開運エネルギーを貰うことが出来るのです。良い霊界の影響を強く受けることで、セレブ霊界を呼び込むのです。

世の中にはセレブ霊界があります。モテる霊界やお金持ち霊界、賢い人の霊界もあります。逆に貧乏霊界、モテない霊界、頭が悪い霊界もあります。霊界は、人間の意識が作り出した世界です。霊界を変えれば、現実世界が変わるのです。

セレブになるには、最初にセレブ霊界を作り出すのです。セレブになって、セレブ霊界に入るのではなく、先にセレブ霊界を作り出すことでセレブになるのです。

ですから、お金がない人ほど、お金持ちのように振る舞うことが大切です。列車はグリーン車に乗りましょう。けれど、グリーン車に乗るのは小金持ちです。VIPの最終形態は、織田信長や豊臣秀吉のように、茶室の侘《わ》びさびの世界に生きるのです。つまり、清《せい》貧生活《ひんせいかつ》です。

始皇帝《しこうてい》は中国を統一して何を目指したでしょうか。仙人になり不老不死になることです。権力者の最終形態は、出家や仙人です。インドでは、家庭生活を終え、子供を作り、晩年は出家するのが理想の生き方とされています。中国でも、儒教を学び、立身出世して最後は、老荘思想や禅を学び、隠棲《いんせい》して長命を願うのが理想の生活とされてきました。

立身出世してサクセスすると、最後は、清貧生活をして神仏やスピリチュアルの世界に生きるのです。古今東西、世界中の歴史を調べても、全てこのパターンです。

○愚痴《ぐち》、不平、不満は悪運を呼び込む

幸せになるためには、あなた自身がマイナスの発生源にならないようにしてください。文句を言ったり、愚痴《ぐち》、不平《ふへい》、批判のための批判をするとあなたのマイナス波長が、マイナスの存在である悪霊を類友の法則で呼び込みます。目上を批判する癖《くせ》がつくと、目上を

批判する霊界を呼び込み出世できなくなるのです。**目上への批判を止めるだけでも出世力がパワーアップします**。出世できない人は、目上や上司の幸せを真剣に祈っていない人です。目上や上司の幸せを真剣に祈ると、目上や上司の守護霊が味方になるので、あなたを引き立ててくれるのです。

なぜ自分は結婚できないのだろう。出世できないのだろう。こうした不平をなくしましょう。あなたがマイナスの想いを抱《いだ》き愚痴を言うと、マイナスの言魂《ことたま》となり、マイナスの霊界を作り上げ、そこに悪霊が集まってきてさらに不幸になるのです。

ポジティブ・シンキングは、正しい努力とスキルアップをしているのなら幸せになる秘《ひ》訣《けつ》です。けれど、ただポジティブに生きるだけでは幸せになれません。ポジティブとスキルアップであなたは幸せになれるのです。

◯自分より運が悪い人と交流しない

運が悪い人と交流すると、相手の悪運が伝染してきます。性格が良くポジティブで運が悪い人なら努力で悪因縁を切り、いずれ大開運します。けれど、性格も運も悪い人は永遠に不幸なままです。

友人は運が良い人、出世している人、優秀な人を選びましょう。優秀な人といるとコンプレックスを抱《いだ》く人がいます。それは間違っています。自分より優秀な人に教えてもらわなければ、賢《かしこ》くなれません。コンプレックスを捨てられない人は幸せになれません。

田中角栄も豊臣秀吉も成り上がりです。けれど、**田中角栄元首相は東大卒の大蔵官僚を、豊臣秀吉は優秀な武将を褒《ほ》め称えて味方にして底辺から大出世しました。**あなたも中途半端なプライドを捨てて、自分より優秀な人を褒《ほ》め称えて味方にして大成功してください。

○あなたが欲しい運を貰う方法

あなたが欲しい運を持っている人とは理屈抜きで仲良くしてください。モテたかったら、モテる同性と仲良くしてください。

お金持ちになりたかったら、お金持ちと仲良くなりましょう。モテる人の友達は、必ずモテます。けれど、類友の法則があるので、モテない人はモテない人同士で集まってしまいます。モテる同性と仲良くなれる人は、はじめからモテる運があるのです。お金持ちと仲良くなれる貧しい人は、金運があるのです。なぜ、私が神仏の本を書くのでしょうか。**運が悪い人が、類友の法則を超越《ちょうえつ》するには、神仏の力を借りるしか手段がないからです。**

ただし、どのような相手であっても、相手に与えることができる利益が必要です。一方的に受け取るだけの人間関係は続きません。人から運を貰うには、こちらも運を与える必要があるのです。異性運を分けてもらう分、勉強運を与えるのです。何も、特技がない、能力がない人はスキルアップしてください。ピアノが弾けるとか、PCが得意とか、そのレベルでも、相手のメリットになる特技がなければ縁は続きません。

また、仏教には、財産がない人が出来る7つの徳積みの方法があります。その中に、笑顔で人と接する和顔施《わがんせ》があります。人に与えるものがない人は、笑顔で人と接するのです。また、心から相手を褒《ほ》め称《たた》えるのです。

○趣味で開運する秘伝

『釣りバカ日誌』は、主人公が釣りを通じて、自分の会社の社長と親友になり、日本中のＶＩＰと釣り仲間になっていく話です。ゴルフ仲間、麻雀仲間、趣味の友達というのは「相手の地位を利用しよう」と考えない限り、いくらでも広がります。私の友人には元首相の麻雀友達がいます。別の友人は、元首相のゴルフ仲間です。麻雀、ゴルフ、カラオケの前時代的３種の神器を学べば、一気にＶＩＰとの交友関係が深まります。麻雀もゴルフも相手が楽しめれば、あなたが勝つ必要はありません。故人の政財界の友人に何回か座禅に誘われました。私自身が宗教家であることを隠していたので座禅に付き合ってあげなかったことを今でも後悔しています。いろんな趣味の人がいるので、ＶＩＰの趣味仲間は大切にしてあげてください。

○大物との交際は礼儀が大切

萎縮《いしゅく》せずに全力で相手を褒《ほ》めることです。偉い人ほど気さくで、弱い人ほど虚勢《きょせい》を張ります。偉い人は虚勢を張る必要がないので、誠心誠意、手紙を書いたり、メールを出したり、アピールし続ければいつか仲良くなれます。

偉い人は礼儀を大切にすれば、仲良くなれるのです。また、**VIPに嫌われている場合、守護霊にも嫌われています。**偉い人は、礼儀と礼節を重視します。同じように守護霊も礼儀と礼節を重視します。

○人付き合い改善の秘伝

人付き合いが下手な人は、人との距離感と礼儀・礼節が苦手です。この2点を直せば、人付き合いは改善されます。さらに、相手の守護霊にこの方と仲良くなれますようにと祈れば、人付き合いは改善されていくのです。

また、コミュ力とは枕詞《まくらことば》です。コミュニケーション能力をアップさせたい人は、枕《まくら》詞《ことば》を工夫しましょう。枕詞は、人間関係を円滑《えんかつ》にして誠心誠意行うゴマすりです。

○魂をワクワクさせよう

いつもワクワクしていると、ワクワクしている霊界ができるので幸せになります。ワクワクしない状態は、あなたの魂が枯《か》れている状態です。年を取ると物事に感動しなくなり老化していくのです。

魂が枯《か》れてきたら、神仏に祈りましょう。神仏のパワーで元気になります。また、コンサートや美術館めぐりで一流の芸術作品に触れたり、温泉巡りやハイキングでも感動すれば、元気になります。遊園地でも楽しめる体験をすれば、ワクワクする人生が蘇《よみがえ》るのです。

○誰でも創作活動を楽しむ秘訣《ひけつ》

あなた自身が創作することも魂を若返らせる秘訣《ひけつ》です。創作活動は、人から評価されれば、よりワクワクします。評価される方法は簡単です。

入選者が多い短歌や俳句、絵画等のコンクールに出品しましょう。最初は、入選しやすい出品料が1千円くらいの神社等の献詠祭《けんえいさい》や市町村の文芸祭等に出品しましょう。文集に作品が載り、賞状が増えていけば創作活動を楽しむ意欲がわいてきます。

○異性を美化《びか》しない

恋愛と結婚は、出会った数と相手との相性が大切です。異性に慣れないと恋愛は難しいのです。モテない人は、異性を必要以上に美化します。異性と一緒に遊びに行ったり、話したりしなければ恋愛に発展しません。

成人した大人が、中学生みたいな恋をして異性を美化しないことが大切です。

○グルメはモテる

グルメはモテます。ただし、**食べ物の話を異性にして喜ばれるのは、その食べ物をプレゼントする時だけです**。有名ケーキ店の話をして喜ばれるのは、そのケーキ店のケーキをプレゼントする時だけです。最上級の松阪牛について語っていいのは、松阪牛をプレゼントするときだけです。それ以外のときに、語られてもウザイだけです。**グルメが、モテるのは相手に現物を食べさせる場合だけです**。

○異性の好みは因縁で変わる

異性関係の悪因縁があると、好きになったら不幸になる人ばかりを好きになります。あなたのことを好きになった運が良い異性と付き合えばいいのに、異性関係の悪因縁を持っていると、付き合ったら不幸になるような相手ばかりに好かれ、付き合ったら不幸になるような異性を好きになるのです。

異性関係で苦しむ悪因縁がある人は、前世に異性をDVや浮気等で苦しめています。あなたの家の悪因縁をみたら自分の前世の悪因縁がわかります。

家族が死んでいたり、親戚と絶縁《ぜつえん》していたりして、家の悪因縁がよくわからないという人もかなりいます。家族と極端に仲が悪かったり、家族や親戚が平均寿命より若くして死んでいる場合、とても重い悪因縁があります。

○ガチで重い悪因縁の究極の判別法

三親等以内に3人以上、平均寿命より10年以上、若く死んだ人がいれば重い悪因縁があります。50歳未満で2人以上、親か兄弟姉妹が死んでいれば、重い悪因縁があります。73歳未満で3人以上、両親、兄弟姉妹、祖父母の誰かが死んでいたら、重い悪因縁があります。

家族全員が癌《がん》にかかっていても、80歳、90歳まで生きていれば悪因縁は軽いのです。**悪因縁を判断するポイントは平均寿命より長く生きたか、早く死んだかです。**

○今世と来世で立場は逆転する

立場は、生まれ変わると逆転します。いじめたら、いじめ返されるのです。**情けは人のためならずという言葉があります。真心をこめて誰かを大事にすれば、来世、その人が生まれ変わって助けてくれるのです。**

先輩、後輩、上司、部下、男女、こうした関係は生まれ変わりで多くの場合、逆転します。

○超開運するスマホの待ちうけ

スマホの待ちうけ画面は、崇敬《すうけい》する神社の本殿《ほんでん》の写真や富士山、白山、立山等の神山の写真にすれば大開運します。24時間、スマホを見るときにも神様に守護されていると確信し続けることで神仏とあなたの魂が繋がり、神仏が本当に守護してくれるのです。

神仏のことを24時間、念じ続け、イメージし続けましょう。守護霊は、１日24時間、１

年365日、いつも祈り続けるのです。守護霊は、守護してくださいと守護霊にいつも意識を向けて祈り続けないと守護するパワーが弱くなります。

思いついたら、いつでも「守護霊さん、守護してくださってありがとうございます」とお礼を言葉にする習慣をつけましょう。1日10回でも、100回でも守護霊に感謝してください。守護霊は、高級先祖霊です。努力しつつ、甘えて、お礼をいえば、先祖なので可愛がってくれます。ただし、江戸時代前後の守護霊が多いので、現代人のノリでフレンドリーに接すると無礼な子孫だとかなり不愉快に思われます。守護霊の生きていた時代背景を学んで接してください。儒教の『論語《ろんご》』は必ず読むべきです。**守護霊の価値観は、基本は『論語』の価値観です。**

○四方よしで大繁栄

自己犠牲《じこぎせい》は偽善《ぎぜん》です。無料で労働を提供すれば、提供された相手の運気が失われ、相手が不幸になります。**ノーペイ、ノーワークが大切です。**

会社を経営したり、商売をすれば、ある程度、他人を傷つけざるを得ないこともあります。しかし、中途半端な善人が経営をして、会社を潰すともっと周囲に迷惑をかけることになります。ゆえに、経営者は過度に人を苦しめなければ良いのです。

自分も社員もお客さんも、全ての人が幸せになるようにしていくことも大切です。あなた自身も儲《もう》け、お客さんも値段相応に満足してもらう必要があります。取引先にも適度に儲《もう》けさせることも大切です。社長だけが儲かる、うちの会社だけが取引先を潰してでも儲かるというやり方はいずれ不幸になります。

「売り手よし、買い手よし、世間よし、神仏大喜び」の四方よしの精神で、全ての人が大繁栄するのです。**「売り手よし、買い手よし、世間よし」の三方よしでも、神仏が納得できずに激怒していれば、繁栄は続きません。**

○パワーストーンのパワーを強化しよう

パワーストーンは、組み合わせでパワーが強化されます。総合運（仕事運、金運、結婚・恋愛運、家庭運）ならヘマタイトとムーンストーンとローズクオーツや水晶が良いでしょう。これに、純金を加えれば最強です。

簡単な邪気祓いは、アメジストとトルマリンの2つに効果があります。1センチ前後の原石なら数百円から高くても1千円で手に入ります。布の巾着袋《きんちゃくぶくろ》に入れて持ち歩いてください。

金運、財運は純金とダイヤモンドを持つとパワーアップします。宝石は、加工していなければそれほど値段は高くありません。パワーストーンは原石を問屋で安く売っているものを買えば良いのです。

○本当に開運する印鑑《いんかん》

実印は、印鑑《いんかん》ケースを綺麗な布で包んで、金庫や桐箱の中に入れておくと強運になれます。実印は運勢アップに繋がります。印鑑は、高すぎる印鑑、安すぎる印鑑を持たない方が良いでしょう。高すぎる印鑑は、業者の売りつけたいというマイナスのエネルギーが入っています。１００円ショップの印鑑は、人生を１００円の安物人生にします。目安は５千円～２万円程度の実印が一番、幸福を呼び込む印鑑になるのです。

○家相や風水の活用法

悪い家相は確かにあります。**しかし、悪因縁がなければ家相の悪影響はほとんど出てきません**。けれど、悪因縁があると、悪い家相の家に住むことになるのです。名前やホロスコープも同じです。運が良いホロスコープ、運が良い名前の下に生まれてきたということは、善徳があるのです。改名も運が悪い占い師等に頼むとさらに運が悪い名前になります。

命名は、画数や音も大事ですが、名付け親の運気を貰うので、名付け親が強運かどうかが重要になるのです。表札は、木の表札に墨字で印刷したものが一番、パワーがあります。自分で書くか印刷したものがお奨《すす》めです。書道家が書くと、書道家の運気が入るので、無難な字体で印刷した表札がベストです。奇抜《きばつ》なものや文字を彫る表札は開運学的にはお奨《すす》めできません。

風水は、龍穴《りゅうけつ》という大地のエネルギーの流れを見つける学問です。運が良い土地、悪い土地はあります。そして、運が良い土地に住んだ方が幸せになれるのです。けれど、土地の因縁より、前世の善徳、悪因縁の方が運命に大きな影響を与えます。ですから、過度に風水や家相、占いを信じる必要はありません。悪因縁が重ければ、風水的に最高の土地に、最高の家相の家を建てても不幸になるのです。

風水的に良い土地には、寺院や城が建てられています。ただしこうした場所では、権力闘争で敗れた一族が自害していることが多いので、風水だけで判断するのは危険です。

風俗街、飲み屋街、お墓の近所に住むのは避けるべきです。風俗街や飲み屋街には、マイナスの霊がいます。お墓には、成仏できない霊がいます。事故物件にも、絶対に住まない方が良いでしょう。事故物件は、マンションの建設前に墓地があった場所や古戦場跡や空襲で人がたくさん死んだ場所の跡地が多いのです。大家が祠《ほこら》や社《やしろ》を祀っているマンションも可能なら避けてください。変な霊がいます。

○あなたの天命や天職を知る方法

紫微斗数《しびとすう》、四柱推命《しちゅうすいめい》、ホロスコープ、姓名判断で天命《てんめい》や天職《てんしょく》を占うと大体同じ結果になります。占いの結果があなたの運命です。けれど、運命は改善可能なので、傾向を知れば良いのです。

悪因縁は一族の傾向を見ればわかるので、占う必要はないでしょう。もし、気になるのなら、のめりこまない程度に、異性運、社会運、健康運等の大まかな運命を知り、自分の長所と短所を理解して、運命を改善する参考にすれば良いと思います。**占いによって別々の結果になったら、良い方の結果を信じてください**。複数の占いで似たような結果になれば、それが生まれつきの運命です。

○終末思想を信じないこと

ノストラダムスの予言やマヤの予言のような終末思想《しゅうまつしそう》は、何千年も昔からあります。

神の預言で、自分達だけが助かりたいというのは最低の人間です。神も守護しません。旧約聖書に出てくるノアやアブラハムも、神が人を滅ぼそうとしたときには、最後まで神に人々が助かるように祈り続けました。**「明日、世界が滅びようとも、今日、りんごの木を植える」のです**。この発想で明るく生きることが大切です。

◯自分軸の思考を変えよう

不幸な人は、エゴ的で自分軸です。自分中心で物事を考えます。そのため、対人関係の問題を抱えています。家族や対人関係のトラブルの原因は、相手が悪いのではなく、あなたのエゴが原因です。

夫婦も愛がなくなれば、離婚すれば良いのです。生活水準が低下するので離婚できない、働いたことがないから離婚したくないという相談が来ます。それはエゴです。まず、働くことを前提にライフプランを立てて、離婚すれば良いのです。そうすれば神仏や守護霊が守護してくれるので幸せな人生になるのです。

○徳を積むのに徳がいる

自分で不幸になる選択をしているにもかかわらず、不幸だと嘆《なげ》いている人がいます。なぜ、人は不幸になるのでしょうか。それは、その人の選択が間違っているからです。また、他の人と同じような選択をしても、人によって善徳の量が異なるので、同じ選択をしても幸せになる人もいれば、不幸になる人もいます。

徳を積むには、徳を積む徳が必要です。不幸な人が、簡単に幸福になれない理由は、不幸な人には徳を積む徳がないからです。学徳は、人を教えることで貯まる徳です。前世と今世で人を教え導いてきた人には学徳があります。自分が学びたいことを教えてくれる良い環境や先生に恵まれるのです。学徳は、学校で勉強が出来ない友達に質問されたら、教えてあげるという些細《ささい》なことで増えていくのです。

徳を積む徳も、少しずつ誰かを幸せにしていけば貯《た》まります。徳を増やしたいと思っても、それだけの能力と機会がなければ徳を増やすことは難しいのです。

○素直に生きれば幸せになる

地頭《じあたま》が良い人は、物事を素直に見ません。頭は良いけれど不幸な人の典型例です。そういう人は頭が良いのに学歴がなかったり、学歴があるのに社会で評価されません。物事を素直に受け止めるように考え方と行動を改めてみてください。すぐに幸せになれます。

○家事や掃除《そうじ》をすれば幸せになる

人生の目標が定まらない人は、勉強しつつ、家の掃除《そうじ》や家事をやりましょう。いきなり、大きなことはやらなくて良いのです。大きなことをやろうとするから失敗し、挫折《ざせつ》するのです。小さなことから行動を変えていけば、だんだん幸運になっていき、運命も改善されていくのです。

行き詰まりの打開策を考えるより、祈りと行動が大切です。祈っても、行動しなければ改善されません。まず、部屋を片付けてください。散歩をして身体を動かし、お風呂に入りましょう。部屋を整理整頓《せいりせいとん》し、身体を動かして、お風呂に入ることが大切です。**入浴と掃除は、穢《けが》れを禊《みそ》ぐので神様を喜ばせ、開運に繋《つな》がるのです。**散歩中は歩きながら、神様に祈りましょう。そうすると忘れた頃に解決の糸口が見つかるのです。

○ニセモノで苦しまなければ本物はわからない

良い靴を選ぶには千足、自分の靴を買わなければわからないと友人が言っていました。変な人脈、変な人間関係で苦しんだり、おかしな人と交流しないと、まともな人がどういう人なのかわかりません。胡散臭《うさんくさ》い人も排除《はいじょ》せずに、適度に距離を持って観察することで、悪人の手口も会得《えとく》できるのです。

○悪因縁を減らして幸せに生きる秘訣《ひけつ》

人生は、何とかなると思うことが重要です。悩まないことが大切です。**悩むと悩んだとおりの霊界ができて、マイナスの結果になるのです。**

努力して勉強をして、スキルアップして、神仏に祈っていれば、必ず何とかなります。ならなければ、その不幸で神仏があなたの悪因縁を解消してくれたのだと感謝してください。悪因縁が解消され、だんだん幸せになっていきます。

○成功した人が書いた本を読もう

いろいろな開運本、スピリチュアル本、自己啓発本、ビジネス書があります。古典的名著は、現代風に書きかえて出版されていることが多いものです。けれど、書いたライターが成功していないと、成功本を読んでも成功しません。ライターの不幸な霊界が本に投影《とうえい》されるからです。ベストは、海外の開運本は著者の母国語で読むことです。次が、忠実に翻訳《ほんやく》された開運本を読むことです。

○成功のエッセンスを集めよう

成功本や自己啓発書には必ず共通項があります。100冊の成功本を読んで、ノートにまとめて努力をすれば、誰でも成功できます。成功本には、同じようなこと、当たり前のことが書かれています。**当たり前のことを、当たり前にやれば、誰でも成功するのです。**

名刺《めいし》で割り箸《ばし》を念力で叩ききるという成功セミナーがありました。宴会芸ですが、念力で割り箸を叩ききれるようになった人は、ビジネスでも成功するようになったのです。自分はやればできると思い込んだからです。

○願望成就未来日記

願望成就未来日記は、イメージで霊界を作り出し、願望成就していく方法です。

まず、ノートを1冊用意します。そして、日付を入れて、ノートにあなたの願望を書き込んだり、写真を貼っていきます。例えば、あなたが結婚したい場合には、半年後に結婚式と書くのです。そして、結婚式場の写真を貼りましょう。新居の写真や新婚旅行先の写真を貼っていきましょう。

PCや自動車、欲しいものがあれば、その写真をノートに貼っていきましょう。**現実的に入手可能なものであれば、運は減りますが必ず手に入ります**。

もっとも、自動車やPCなら働いて買えばいいのです。私の開運法は、スキルアップを前提にしているので、働いたり、副業をやってお金も稼《かせ》げば良いのです。

人間は全てを手に入れることは出来ません。何を得て、何を捨てるかは個人の自由です。何かを得るために、何かを捨てることができない人が、願望を成就させることは難しいのです。

第6章

神仏をパワーアップさせる秘伝

○摩利支天《まりしてん》の本当の働き

中途半端《ちゅうとはんぱ》な善人は、社会では何もできません。そして、社会は理不尽《りふじん》だと嘆《なげ》くのです。

無能な善人ははっきり書くと害悪《がいあく》です。

悪人以上に社会的影響力を発揮すれば良いのです。**同じ能力の善人と悪人がいるならば、同じ時間と熱意で祈れば神仏は100%、善人の味方をします。**悪人には信仰心が強い人が多いのですが、摩利支天《まりしてん》に対し悪人が祈ると自滅《じめつ》します。また、厳島《いつくしま》神社のように強欲になりすぎると、崇敬者《すうけいしゃ》を自滅《じめつ》させて反省させる神様もいます。弁財天系統の神仏にはその傾向が特に強くあります。

摩利支天を熱心に信仰しているのは、正義感の塊《かたまり》のような人ばかりです。上杉謙信や楠木正成公等を守護していたのが摩利支天です。

毘沙門天も悪に強い善神ですが、毘沙門天に摩利支天を加えると、相手が魔王の守護を受けていない限りは勝てます。さらに、大元帥明王《だいげんすいみょうおう》の守護も加えると、魔王が相手でも勝てるのです。

上杉謙信は毘沙門天や摩利支天に祈っています。しかし、武田信玄は毘沙門天や摩利支天に祈っていません。なぜなら、信玄公は自分に領土欲《りょうどよく》があることを知っていたので、裁かれる危険性がある神仏には頼んでいないのです。**神道の神様は、ある程度までは人間の欲望に寛容《かんよう》です**。そこで、武田信玄は諏訪明神に祈っていたのです。

悪に絶対に負けないという根性が、中途半端《ちゅうとはんぱ》な善人は弱いのです。だから、悪人に負けるのです。発想を変えましょう。

悪人が悪を続ければ地獄に落ち、その子孫が苦しむことになります。それが気の毒だから、悪を潰《つぶ》すのです。悪人の死後と来世、子孫が気の毒なので、あくどすぎることをさせないようにしようという慈悲の心を持つのです。**神仏の慈悲の心が理解できていたら、「悪人もお救いください」と神仏に祈り実践行動するはずです**。

○三面出世大黒天と弁財天の大繁栄秘伝

比叡山《ひえいざん》の伝教大師や日蓮を守護していたのが三面大黒天です。伝教大師や日蓮の生き様を見ればわかるように、清らかに生きた人を守護するのが三面大黒天です。

また、弁財天を祀る厳島神社や竹生島《ちくぶじま》弁天は、多少、欲がある人でも守護をしてくれます。しかし、問題がありすぎると反省を促《うなが》すために自滅《じめつ》させるので、善徳を積む誠の心を持った生き方をすることがあらゆる神仏に守護されながら永続性のある繁栄をもたらす秘伝なのです。

○ご利益別神仏紹介

神仏を動かすには、神仏の功徳と神社の歴史を学ぶことが大切です。日本神話の『古事記』、『日本書紀』、『古語拾遺《こごしゅうい》』は必ず読むべきです。

お客をすぐに集める功徳は、三面大黒天が一番強力です。けれど、営業規模を大きくするのは、出雲の大国主大神《おおくにぬしのおおかみ》が得意です。また、大国主大神は、仕事探しも得意です。選挙等の戦略やお金儲けの智恵は毘沙門天が得意です。

コミュ力の改善は、宗像大社の田心姫神《たごりひめのかみ》、湍津姫神《たぎつひめのかみ》、市杵島姫神《いちきしまひめのかみ》の宗像三姫と弁財天にお願いします。邪霊祓いは、奈良県の大神神社《おおみわじんじゃ》と埼玉県の三峯神社の神様が得意です。家で祈るなら、毘沙門天、不動明王、蔵王権現《ざおうごんげん》、大元帥明王《だいげんすいみょうおう》の4仏にもよくお祈りしましょう。

○大国主大神《おおくにぬしのおおかみ》の万能の働き

大国主大神《おおくにぬしのおおかみ》が地上を治め、産土大神《うぶすなのおおかみ》が人々を守護しています。そして、産土大神の他に守護神、守護霊もあなたを守護しています。神々や守護神、守護霊に守護されていると いう強い確信を持って、守護に対する深い感謝の気持ちを持てば、よりいっそう強力に守護してくれるのです。

○人間がしつこく頼まないと神仏は守護しない

しつこく頼めば、神仏も守護霊も守護します。あなたが神仏や守護霊が自分を守護して

いないように感じているのなら、しつこく祈っていないのです。「よろしく神様、守護霊様」と頼んだくらいでは守護してくれません。毎日、数時間かそれ以上、1年、2年と祈り続けて、はじめて自分は守護されていて開運しているという実感が出てくるのです。

神仏や守護霊はしつこく頼み続けると、運命を変えてくれます。守護霊が願いを聞いてくれたと確信できるまで、何時間でも、何日でも、しつこく祈り続けましょう。

片想いの異性のことを、守護霊が根負《こんま》けするまで頼めば、付き合うことが出来そうにない相手、付き合うと不幸になりそうな相手でも、デートぐらいはさせてくれるのです。**しかし、付き合えばお互いに不幸になる場合は、縁が自然に切れていくので、守護霊によく感謝して諦《あきら》めるべきです。**

お互いに幸せになれる相手なら、守護霊によく祈って熱烈にアタックすれば必ず付き合えます。けれど、祈れば祈るほど、縁が遠ざかっていく場合は、100%不幸になるので付き合わない方が良い相手なのです。

片想いの相手のことを3年間、しつこく祈り続けていれば守護霊は話しかけるチャンスぐらいはくれます。

けれど、3年間も祈り続けるほど好きなら、話しかければ良いのです。花を贈ったり、高級クッキーを贈ったり、いろいろと喜びそうなものをまずプレゼントした方が効果的です。3年間、守護霊に祈って、明るく口説いても仲が進展しないのは、結ばれたら不幸になる縁なのです。

○縁を結ぶのは守護霊

仕事や結婚の縁は、ほとんど守護霊が結びます。神社の神様は守護霊の応援をするだけです。神社の神様は、守護霊にこういうやり方で営業をやると上手くいくとアイデアを閃《ひらめ》かせます。また、取引先や好きな異性の守護霊に、「うちの神社にお参りに来た人があなたが守護している人が経営している会社と取引したいと、3万円の祈祷を10回ぐらい申し込んでくれたから、プレゼンぐらい聞いてあげたらどうかな」と相手の守護霊に口利《くちき》きをして縁を結んでくれるのです。江戸時代は、人の移動が少なかったので、人間を守護する守護霊も村社会の中では顔見知り同士でした。村の鎮守《ちんじゅ》様のように地域に密着した産《うぶ》土大神《すなのおおかみ》が、結婚から仕事まで面倒をみていたのです。けれど、現代は、進学、就職でいろいろな産土大神のテリトリーに移動するので、エリアごとの総産土神社に参拝する方が効果的なのです。江戸時代の神霊界と現代の神霊界では事情が違います。昔の神霊本は参考にできる部分と、状況が変わって参考に出来ない部分があるのです。

好きな異性や取引したい経営者の出生地がわかるなら、出生地の産土大神と現住所の産土大神に頼むのも効果があります。例えば、大分県出身の人が東京に住んでいる場合、大分エリアの総産土神社である宇佐八幡と、東京エリアを守護する諏訪大社や三峯神社、箱根神社等に参拝すれば、相手の守護霊との縁を結んでくれるのです。

人の移動が少ない江戸時代なら、一宮《いちのみや》の神様や村の鎮守様がオールマイティーかつパーフェクトに願いを叶えてくれました。総産土神社は都道府県をまたいで守護することが出来る神様です。都道府県をまたいだ守護が出来るかどうかは、全国の分社の数にも比例します。八幡神社、諏訪神社、白山神社、厳島神社、等の総産土神社はたくさんの分社を持っています。

そして、総産土神社の神様は、東北地方、関東地方、関西地方といった地方単位の枠の中で守護をしているのです。例外は、一族の氏神や、大企業が億単位の寄附をして社殿を建立するレベルで崇敬している場合です。氏神は一族の守護神です。天照大御神、武甕槌大神《たけみかづちのおおかみ》、八幡大神、瓊瓊杵尊《ににぎのみこと》、彦火火出見尊《ひこほほでみのみこと》、大山祇大神《おおやまづみのおおかみ》、木花咲耶姫大神《このはなさくやひめのおおかみ》、素戔嗚大神《すさのおのおおかみ》、大国主大神《おおくにぬしのおおかみ》、日本人の大多数はこの神々を氏神として祀っていたので、全ての神に祈れば必ず１、２柱の神様は、あなた自身や好きな人や取引先の先祖の氏神です。

○守護霊を動かす秘伝

守護霊は、祈った時間の絶対量、真心のこもったハート、努力というアクションの３つをみて守護します。守護霊に真心をこめて何時間も祈っても、あなたが努力をしなければ守護しません。

恋愛も的外れな努力をしていれば、友人等を通じて「やり方を変えたほうがいいよ」と教えてくれるのです。スピリチュアル系開運本の読者は、アクションが少ない人が多いのではないでしょうか。

祈りとアクション、ハートの三位一体《さんみいったい》で神仏や守護霊は動くのです。**どれが欠けても、あなたが幸せを実感できるほど神仏も守護霊も守護しません。**

○県民性は産土《うぶすな》パワー

県民性は神様の産土《うぶすな》パワーです。プラスの県民性は、その地域の産土大神を表します。マイナスの県民性は、その地域の邪霊を表します。

岐阜県の県民性は、金山彦大神《かなやまひこおおかみ》と熱田大神が中心です。飛騨高山地方の県民性は水無神社《みなしじんじゃ》の神様の産土パワーです。地域との結びつきがある場合は、その神様の影響が出てきます。

江戸時代から、火災予防、盗難予防の神として三峯神社に江戸の人々が参拝していたので、三峯神社の神様は東京の産土パワーになっています。富士山も江戸の人々が熱心に崇敬していたので、富士山の木花咲耶姫大神《このはなさくやひめのおおかみ》の産土パワーも東京や首都圏の人々は受けています。都道府県を越えて昔から地域の人が参拝に行っている場合は、その神社の神様が強力にその地域を守護しているのです。

○インド式開運術や道教の弊害《へいがい》

欧米の想念術は、インドの神智学《しんちがく》やインドのバラモン教がルーツです。そのため、想念術を熱心にやるとインドの変な霊界と繋がり、変な霊がやってきます。**宇宙霊も多くの場合はインドの変な霊です**。そういうものに、のめりこみすぎると死後、おかしな魔界に落ちます。

中国の道教も、老子《ろうし》、荘子《そうし》、列子《れっし》のように澄み切った神仙《しんせん》のようになれれば良いのですが、エゴの現世利益重視のお祈りをする人が多いので、おかしな霊が来ます。インド式開運術や道教の弊害《へいがい》でおかしくなっている読者も多いので気を付けてください。

○あなたにふさわしい神仏が守護をする

あなたのスキルとハートのピュアさに応じて、神仏や守護霊が守護します。神仏の守護に執着しすぎないことが大切です。

幸せになるには、結果に対する執着心を持ちすぎないことが大切です。

「○○さんと結婚させてください。地獄に落ちてもいいので、不倫相手の○○さんと結婚したいです」という相談は、大学時代からたくさん受けてきました。

けれど、大学時代に不倫相談をしてきた人も、いつしか別の恋人を見つけ、結婚をしました。そんなものです。

お金が欲しい、結婚したい、○○がしたいという願望は執着心です。神仏も守護霊も未来がわかります。あなたの前世と、生まれ変わった来世はどうなるのかという予定も知っています。

神仏も守護霊も最後は、必ずあなたが幸せになるように守護してくださることを確信して、結果という欲望、願望に対する過度な執着心を捨てましょう。過度な、と書いたのは、お金が要らないと考えるとお金が入ってこなくなるからです。結婚はどうでもいいと考えると結婚できなくなるのです。**最終的には神仏や守護霊に結果をお任せすることで過度な執着心を捨てることが、あなたが一番幸せになる秘訣《ひけつ》なのです。**

◯神仏習合《しんぶつしゅうごう》が強運の秘訣《ひけつ》

神仏両方に祈れば、神様だけ、仏様だけに祈るときの3倍以上の開運パワーがあります。日本は、神道、仏教、儒教、道教がベストな形で合体した神仏習合型の産土パワーに守護されています。日本では、日本風にアレンジしながらも他の宗教も取り入れていきます。西洋料理を日本風の洋食にアレンジする日本人の民族性は、日本の産土パワーに由来するのです。

神道は、あらゆる宗教や思想の良い部分だけを吸収することができる宗教です。天照大御神系の天津神《あまつかみ》と、国津神《くにつかみ》の大国主大神、猿田彦大神等が仲良く日本人を守護しています。

神道は、良き神は取り入れ、悪しき神は排除《はいじょ》してきたのです。

神道をベースに仏教、儒教、道教等を合体させたものが日本教です。青森県にイエスの墓があると言われています。これは景教《けいきょう》として、渡来人がユダヤ系キリスト教を日本に持ち込んだのです。景教が日本に伝来しているので、修験者の格好とユダヤ教のラビの格好は似ているのです。景教がユダヤ教であるという事実を知らない人達が、日本人の先祖はユダヤ人だと言い出したのです。神道には、景教等のユダヤ教のエッセンスも入っています。

『古事記』とギリシア神話は内容が似ています。法隆寺はギリシア様式で建設されています。『古事記』が書かれた頃には、ギリシア神話も伝来していたのです。また、世界中のあらゆる神仏は絶対神が作ったので性質が似ています。元の神様が同じなので、同じようなことを他の地域でもやるのです。**神々の性質は、個性があっても本質的には同じです。極端に性質が違う宗教が広まると、永遠に宗教戦争が続くので、未来には宗教が共生できるように、世界中の神々の本質部分は同じなのです。**ゾロアスター教の火の秘儀も、密教を通じて日本に入ってきています。

商売の神として知られるインドの象の顔をしたガネーシャは、仏教の歓喜天《かんぎてん》です。ガネーシャはガネーシャとして、歓喜天は歓喜天として、別々に日本人のライフスタイルの中に入り込んでいます。**あらゆる宗教の良い部分を活用できるのが神仏習合型神道、日本教の良いところなのです。**

○日本神界に来ると神仏は穏やかな性格になる

日本神界は、天照大御神が主宰神です。仏教やヒンズー教、他の宗教の神々は日本に来ると穏やかな性格に変わります。ですから、ヒンズー教や道教の神を直接、拝まない方が良いのです。一度、日本神界に入ってきて天照大御神様の下で穏やかな性格になってから拝む方が弊害《へいがい》が小さいのです。日本の大黒天は穏やかな神です。けれど、インドの大黒天は凶暴な神様です。

○北辰《ほくしん》の神が運命の神

北辰《ほくしん》の神は、こぐま座ポラリスの北斗星君《ほくとせいくん》です。道教では、北斗星君は寿命を司る神で、死を司るのが南斗星君《なんとせいくん》です。

北極星は移動するので、次はケフェウス座が北極星になります。実際には、宇宙の天帝が北斗星君も南斗星君も部下として従えています。道教では、北極星の紫微宮殿《しびきゅうでん》に住む北極紫微大帝《ほっきょくしびたいてい》や北斗真君《ほくとしんくん》が北辰の神とされています。

『老子』や『抱朴子《ほうぼくし》』等では、神々の真実は寓話《ぐうわ》にして曖昧《あいまい》にしか人々に教えを残していません。復古神道《ふっこしんとう》では、天之御中主大神《あめのみなかぬしのおおかみ》を北斗七星の神と同一視しています。けれど、天之御中主大神と北斗七星の神は、別の神様です。皆さんは、**北辰の神、宇宙の天帝にお祈りすれば神様に通じるので寿命や運命改善は、北辰の神、宇宙の天帝にお願いしてください**。道教の最高神の元始天尊《げんしてんそん》や太上道君《たいじょうどうくん》、玉皇大帝《ぎょくこうたいてい》や天皇大帝《てんのうたいてい》等に祈ると、道教の変な霊も一緒にやって来るので日本人は祈らない方が良いと思います。

○弥勒菩薩《みろくぼさつ》は人生を導く

あなたが、どうやって生きていけば良いかと迷ったら、守護霊に祈りましょう。次に観音様に祈ります。それでもダメなら、弥勒菩薩《みろくぼさつ》に祈ります。弥勒菩薩《みろくぼさつ》は、天界にある兜率《とそつ》天《てん》におられるので、あらゆる悩みの解決策を教えることが出来るのです。

弥勒菩薩《みろくぼさつ》真言は、「おん・まいたれいや・そわか」です。また、神道では人生の道を開いてくださるのは、猿田彦大神《さるたひこのおおかみ》です。人生の道案内の神でもあるので、猿田彦大神に祈れば進むべき道を示してくれるのです。弥勒菩薩の場合、精神的、内面的な行き詰まりを解決してくれます。

ですから、猿田彦大神にも弥勒菩薩にも、両方祈れば、どんな道でも行き詰まりでも解決してくれるのです。しかし、最初は、守護霊や観音様にお願いして、努力すべきです。最初の努力がなければ、経験を積ませるために猿田彦大神も弥勒菩薩もあまり動いてくださらないのです。

○夫婦関係改善の祈り方

夫婦関係が悪い場合は、まず自分と配偶者《はいぐうしゃ》の守護霊に夫婦仲良くさせてくださいと祈ってください。次に、夫婦の先祖霊の供養をします。どこのお寺でも数千円から供養をしてくれるので、お盆《ぼん》やお彼岸《ひがん》にはお寺で先祖供養をします。先祖霊はお経の意味は理解できません。けれど、供養をしてくれていることはわかるので喜びます。阿弥陀如来根本陀羅尼《あみだにょらいこんぽんだらに》を唱えても先祖霊は喜びます。けれど、生活苦でない限りはお寺で読経《どきょう》してもらった方が先祖霊は喜びます。お寺で読経する供養は、舅《しゅうと》、姑《しゅうとめ》の誕生日にプレゼントを贈るようなものです。相手の先祖霊への効果的なゴマすりです。

それでも夫婦仲が改善しない場合は、**石川県の白山比咩神社《しらやまひめじんじゃ》や滋賀県の多賀大社にお祀りされている伊邪那岐大神《いざなぎのおおかみ》と伊邪那美大神《いざなみのおおかみ》に、「夫婦仲を改善してください」とお祈りします**。さらに、自分と配偶者《はいぐうしゃ》の出生地の総産土神社に参拝します。ポイントは、出生地の総産土神社です。ここまでやっても全く改善しない場合は、特殊な悪因縁です。

○強運になれば人を助けることが出来る

あなたが幸福になった分しか、他人を助けることは出来ません。運が悪い人は、自分より不幸な人を助けようとして、その人のマイナス・エネルギーでさらに不幸になるのです。まず、あなたが幸せになり、強運で優秀な人にならなければ、他人を助けることは出来ません。他人を助ける早道は、あなたが強運な人になることです。

不幸な人を本当に助けようと思ったら、10人強運な人がいれば、1人適度に不幸な人がいても助けることが出来ます。**けれど、1人の強運な人が1人の不幸な人を助けることは難しいのです**。不幸な人を救うには、強運な人達がグループを作って、プラスのエネルギーの塊《かたまり》になって、神仏の守護を受けてはじめて、不幸な人を助けることが出来るのです。

不幸な人は、神仏や守護霊の守護パワーが弱いのです。神仏が守護していれば、環境はハードになっても幸せになれるのです。幸せ、不幸せは主観的なものだからです。

どう考えても不遇《ふぐう》だと思える人生を楽しんでいた人は、死後、来世、幸せになります。

不幸な人を本当に幸せにして助けるには、スキルアップと神仏に守護してもらうことの2本柱が重要です。

不幸な人が自分で神仏に祈り、勉強してスキルアップしないと来世、また不幸になります。学ぶ環境、努力ができる環境、祈る環境を提供することが真の救済《きゅうさい》なのです。

○三峯神社《みつみねじんじゃ》と大神神社《おおみわじんじゃ》の神様

邪気の多い家や部屋に住まざるを得ない場合には、三峯神社の大口真神《おおぐちまがみ》、大神神社《おおみわじんじゃ》の大物主大神、不動明王、毘沙門天、蔵王権現《ざおうごんげん》、大元帥明王《だいげんすいみょうおう》に毎日、お祈りして悪霊から守護してもらいましょう。三峯神社の大口《おおぐち》真神《まがみ》をお祀りする時には、三峯神社の大口真神は、1年間、数千円でお借り出来ます。大口真神をお祀りする時には、三峯神社の祈祷と御眷属拝借《ごけんぞくはいしゃく》の両方を申し込んでください。

また、三峯神社の神様も、大神神社《おおみわじんじゃ》の神様も金運にも強い神様です。ただし、欲深い人間を嫌います。「宝くじを当ててください」とか「濡れ手に粟《あわ》で昇給させてください」という願いは無視します。けれど、努力してスキルアップし、その上で必要なお金を用立ててくださいという願いは、エゴの祈りでなければ必ず叶《かな》えてくれるのです。

神様は、利己的な祈りでも最初の1、2回だけなら我慢《がまん》して聞いてくれることがあります。仏様の中では、利己的な祈りを我慢して聞いてくれるのは観音様です。

観音様に可愛い女性と結婚させてくださいと祈れば、縁を結んでくれます。けれどその女性が、ものすごい悪妻で家庭に夫の居場所がなくなり、仕事を頑張らざるを得なくなるとか、悪妻ゆえにソクラテスのように哲学や宗教の勉強をはじめるように導いたりするのです。**スキルアップの方便《ほうべん》として、欲望丸出しの願いでも必ず叶えてくださるのが観音様です。**

○神様によって金運の種類が違う

金運の神といっても、それぞれ傾向が違います。広島の厳島神社は、平清盛が天下を取ったように、出世させたり、地位がアップすることで結果的にお金が手に入るようにしてくれます。宗像大社は、良い人脈を与えて、そこからお金が手に入るようにしてくれます。人脈に特化した神様が出雲大社の大国主大神です。長野県の諏訪大社は、大変な時に気合を入れてくれて、頑張ろうという気にさせてくれます。諏訪大社の受験のお守りに登《とう》龍《りゅう》があります。諏訪大社のご利益は、まさに登龍です。

中国の黄河《こうが》上流には流れが急な龍門《りゅうもん》があります。この龍門を昇りきった鯉が龍になれるのです。鯉が龍になるには、大変な試練を越えなければいけないのです。その試練を越えられるように、守護してくださるのが諏訪大社の神様です。

三峯神社や大神神社は、悪いものをまず祓い、次に人間が精進努力することで必要なお金が入ってくるご利益があります。

○正体を見破れば悪霊は弱体化する

悪霊、邪霊、生霊《いきりょう》は、あなたのマイナス感情の原因です。不安感や自信がない、将来が不安であるといったマイナスの感情は全て悪霊が原因です。こうしたマイナス感情を一切信じないことが開運に繋がります。マイナスの感情を打ち消してください。**悪霊は、正体がわかれば霊力が弱まります。マイナスの感情が出てきたら生霊か邪霊のせいと決めつけてください。それだけでも、悪霊の力は弱まります。**

○霊山の神を呼ぶ秘訣《ひけつ》

霊山には、修験者などの不成仏霊《ふじょうぶつれい》が多くいます。神様を呼ぶには、遠くから眺めて遥《よう》拝《はい》しましょう。

遥拝《ようはい》のやり方は、山を見て天津祝詞《あまつのりと》を唱えて山に降臨してくる神様に祈ります。修験道の行者は、霊能力を得たいという欲を持っている人が多いのです。純粋な行者もいますが、修行をやめた仲間に呪いをかける行者もいます。そういう行者の霊がいるので、あまり霊山には登らない方が良いのです。

○神仏と同じハートになれば大開運

神仏は、真剣に全人類の救済を目指して努力しています。神仏と同じ志になれば、出来の悪い後輩として神仏や守護霊もあなたの面倒を見てくれるのです。

守護霊を動かす秘訣、神仏を動かす秘訣は簡単です。

「守護をしないと過労死するんじゃないか?」と神仏が同情するまで努力をすることです。**神仏や守護霊と同じ目標を追求して、はじめて神仏も守護霊も本気であなたを守護するのです。**

最後に、究極の開運秘伝を教えましょう。あらゆる神仏を動かす究極の秘伝です。

『大開運』(林雄介、青林堂)では、人類全員の幸せを祈ることが大切と書きました。これがあらゆる神仏を動かす秘伝です。もしも、日本人の平均年収が1千万円になれば、それなりに裕福に1億人の日本人が暮らせるでしょう。80億の全人類が1千万円、2千万円の収入があれば、地上から貧困はなくなるでしょう。

全人類80億人が、大学院以上に進学し、年収1千万円前後を稼ぎ、現在の先進国の中流層か上の下ぐらいの生活水準になり、精神的にも豊かに生きられるように全人類がなることが大切なのです。幸せの中心は魂の成長です。物質的な豊かさよりも、魂の成長を重視しなければ、悪因縁の原因を作ることになり、永続的な繁栄はできません。けれど、魂や精神が成長するには、物質的な豊かさが必要なのです。貧困で飢え死にしかけの人が学問なんかできません。そして、精神的に豊かに生きるには、リベラルアーツ(教養)も重要です。ゆえに、世界規模で大学院以上の義務教育を提供することも重要なのです。もちろん、知識を悪用すれば、地獄に落ちます。メインは魂と精神の成長に繋がる、スキルアップ、キャリアアップです。そして、死んだら全人類が守護霊や天使や神仏になれるような世界を目指すべきなのです。

神仏は、最終的には全人類を救いたいのです。神仏に守護されるには、神仏と同じ気持ちになる必要があります。あなたも、真剣に全人類を救いたいと思い、努力して欲しいのです。

神仏が真剣に守護しなければいけないとすれば、歴史上、誰もやったことがない前人未《ぜんじんみ》到《とう》のことを成し遂《と》げようとする時です。この話を頭に入れておけば、あらゆる神仏があなたを守護するのです。

（※神は具体的な政策の指示をしません。これは、私が考える理想の世界像です。また、特定の政治家や政党に投票しろとか投票するなという指示も神は絶対にしません。スピ系でそういう干渉《かんしょう》をしてくるのは魔物なので注意してください。）

巻末附録

○天津祝詞《あまつのりと》

高天原《たかあまはら》に神留《かむづまり》坐《ま》す。神魯伎《かむろぎ》神魯美《かむろみ》の詔《みこともち》以て。皇御祖神伊邪那岐大神《すめみおやかむいざなぎのおおかみ》。筑紫《つくし》の日向《ひむか》の橘《たちばな》の小戸《をど》の阿波岐原《あわぎがはら》に御禊祓《みそぎはら》へ給《たま》へし時に生坐《あれませ》る祓戸《はらひど》の大神等《おおかみたち》。諸《もろもろ》の枉事罪穢《まがごとつみけがれ》を拂《はら》ひ賜《たま》へ清《きよ》め賜《たま》へと申《まを》す事《こと》の由《よし》を天津神国津神《あまつかみくにつかみ》。八百萬《やおよろづ》の神等《かみたち》共《とも》に聞食《きこしめ》せと恐《かしこ》み恐《かしこ》み申《もまを》す。

○守《まも》り給《たま》え幸《さき》はえ給え

明治時代の神仙家《しんせんか》の宮地水位《みやぢすいい》の書物に登場している呪文です。また、大神神社《おおみわじんじゃ》や出雲大社では、「幸魂《さちみたま》、奇魂《くしみたま》守《まもり》給《たまえ》幸《さきはえ》給《たまえ》」を三唱しています。「天照大御神守《まも》り給《たま》え幸《さき》はえ給え」のように使います。

○十言《とこと》の神呪《かじり》

「あまてらすおほみかみ」とひたすら唱えます。天照大御神に守護され、プラスのエネルギーがやってきて幸せになります。友清歓真《ともきよよしさね》が広めた呪文です。

○天《あめ》の数歌《かずうた》

布留《ふる》の言の「ひふみよいむなやここのたりふるべゆらゆらとふるべ」等から派生したのではないかと思います。

「ひと、ふた、み、よ、いつ、むゆ、なな、や、ここのたり、ふるべゆら、ふるべるゆるらゆら」

「ひと、ふた、み、よ、いつ、むゆ、なな、や、ここのたり、もも、ち、よろづ」

◯光明真言《こうみょうしんごん》

「おん・あぼきゃ・べいろしゃのう・まかぼだら・まにはんどま・じんばら・はらばりたや・うん」

◯大日如来真言

「おん・あびらうんけん・ばざら・だどばん」
「おん・あびらうんけん・そわか」
仏様を呼ぶ時に、光明真言と大日如来真言を交互に唱えると仏様がパワーアップします。

◯ご先祖がとても喜ぶ阿弥陀如来根本陀羅尼《あみだにょらいこんぽんだらに》

「のうぼう・あらたんのうとらやーや・のうまく・ありやーみたーばーや・たたぎゃた

や・あらかてい・さんみゃくさんぼだやー・たにゃた・おん・あみりてい・あみりとうどはんべい・あみりたさんばべい・あみりたぎゃらべい・あみりたしってい・あみりたていせい・あみりたびきらんでい・あみりたびきらんだぎゃみねい・あみりたぎゃぎゃのうきちきゃれい・あみりたどんどびそわれい・さらばあらたさだねい・さらばきゃらまきれいしゃきしゃようきゃれい・そわか」

○真言一覧

摩利支天《まりしてん》真言は「おん・まりしえい・そわか」。隠形《おんぎょう》の神というのは、撤退するタイミング、攻撃するタイミングを見極める神です。

不動明王真言は「のうまく・さまんだ・ばざらだん・かん」。根性をつけ、悪霊を祓うことが出来ます。努力できない人は不動明王に祈ってください。大日大聖不動明王《だいにちだいしょうふどうみょうおう》と祈るとパワーが10倍以上になります。

毘沙門天真言は「おん・べいしらまんだや・そわか」。富貴財宝の仏、知恵で悪霊を祓う作戦立案が得意な軍神です。

大元帥明王《だいげんすいみょうおう》真言は「のうぼうたりつ・たぼりつ・はらぼりつ・しゃきんめい・しゃきんめい・たらさんだん・おえんびい・そわか」。最強の仏。あらゆる邪気邪霊を祓えますが、簡単には守護してくれません。

弁財天真言は「おん・そらそばていえい・そわか」。愛想がよくなりコミュ力が向上し、人から好かれることで財運がアップするご利益があります。

三面大黒天真言は「おんまか・ぎゃらや・そわか」。コミュ力を向上させ、成功や出世に繋がるあらゆる良縁を結ぶご利益があります。

文殊菩薩《もんじゅぼさつ》真言は「おん・あらわしゃのう」。悟りと知恵の仏です。頭が悪いのを改善するのは、文殊菩薩と普賢菩薩です。

普賢菩薩《ふげんぼさつ》真言は「おん・さんまや・さとばん」。禅定《ぜんじょう》と集中力アップ、延命のご利益があります。

虚空蔵菩薩真言は「のうぼう・あきゃしゃ・ぎゃらばや・おん・ありきゃ・まりぼり・そわか」。記憶力を向上させるご利益があります。

南無大師遍照金剛《なむだいしへんじょうこんごう》。無明《むみょう》の闇路を照らすご利益があります。つまり、知恵を与え、迷いの中で努力の方向性が整うように守護してくれるのです。

薬師如来真言は「おん・ころころ・せんだり・まとうぎ・そわか」。免疫力をアップさせ、病気を癒《いや》すご利益があります。

普賢菩薩延命《ふげんぼさつえんめい》真言は「おん・ばざらゆせい・そわか」。寿老人と同じ真言です。悟ることで善徳が増え、結果として延命するというご利益があります。

寿老人《じゅろうじん》真言も「おん・ばざらゆせい・そわか」です。延命のご利益があります。福禄寿と同じ神と考えられていますが別の神です。延命のご利益に特化したのが、寿老人です。

福禄寿《ふくろくじゅ》真言は「おん・まかしり・そわか」です。南極老人です。福と俸禄《ほうろく》、寿命を与えるご利益があります。出世に特化したのが福禄寿です。

観音真言は「おん・あろりきゃ・そわか」。南無観世音菩薩でも呼べます。ご利益は、何でも出来ます。守護霊の上位互換が観音様です。

阿弥陀如来真言は「おん・あみりた・ていせい・から・うん」。南無阿弥陀仏でも呼べます。地獄に落ちた時に、真剣に感謝の心で祈れば、少しましな地獄に連れて行ってくれるご利益があります。

地蔵真言は「おん・かかか・びさんまえい・そわか」。低い霊界でも、底辺の人生を送っていても助けに来てくれるというご利益があります。

弥勒菩薩《みろくぼさつ》真言は「おん・まいたれいや・そわか」。あらゆる悩みの解決策を教えてくれるというご利益があります。

○全国の総産土神社一覧

北海道、東北（青森、岩手、宮城、秋田、山形、福島等）の総産土大神

北海道の総産土大神、岩木山大神《いわきさんおおかみ》（岩木山神社）、鹽竈大神《しおがまおおかみ》（鹽竈神社）、駒形大神《こまがたおおかみ》（駒形神社）等

首都圏（東京、神奈川、千葉、埼玉、群馬、茨城等）の総産土大神

三峯大神《みつみねおおかみ》（三峯神社）、榛名大神《はるなおおかみ》（榛名神社）、箱根大神《はこねおおかみ》（箱根神社）、江島大神《えのしまおおかみ》（江島神社）、香取大神《かとりおおかみ》（香取神宮）等

甲信越、東海（新潟、長野、山梨、静岡等）の総産土大神

彌彦大神《いやひこおおかみ》（彌彦神社）、諏訪大神《すわおおかみ》（諏訪大社）、木花咲耶姫大神《このはなさくやひめのおおかみ》（富士山）等

中部、北陸（愛知、岐阜、三重、福井、石川、富山等）の総産土大神

熱田大神《あつたおおかみ》（熱田神宮）、水無大神《みなしおおかみ》（水無神社）、白山比咩大神《しらやまひめおおかみ》（白山比咩神社）、気比大神《けひおおかみ》（気比大社）等

関西（大阪、京都、奈良、兵庫、和歌山等）の総産土大神

多賀大神《たがおおかみ》（多賀大社）、大物主大神《おおものぬしのおおかみ》（大神神社）、西宮大神《にしのみやおおかみ》（西宮神社）、廣田大神《ひろたおおかみ》（廣田神社）等

中国、四国（広島、岡山、島根、山口、鳥取、愛媛、香川、高知、徳島等）の総産土大神

大国主大神《おおくにぬしのおおかみ》（出雲大社）、厳島大神《いつくしまのおおかみ》（厳島神社）、大山祇大神《おおやまづみのおおかみ》（大山祇神社）等

九州、沖縄の総産土大神

宗像大神《むなかたおおかみ》（宗像大社）、宇佐八幡大神《うさはちまんおおかみ》（宇佐八幡宮）、霧島大神《きりしまおおかみ》（霧島）、高千穂大神《たかちほおおかみ》

（高千穂）、阿蘇大神《あそおおかみ》（阿蘇山）、琉球の総産土大神等

北海道、四国、沖縄はいろいろな山、島、湖に総産土大神が降臨しているので総称して北海道の総産土大神、四国の総産土大神、琉球の総産土大神とお呼びすれば守護してくれます。

あとがき

この本は、スキルアップのノウハウと開運神霊学を融合《ゆうごう》して書きました。

スキルアップを、神仏や守護霊に守護されながら達成するとどうなるかを説明したのがこの本です。**つまり、スキルアップ神霊開運法の入門書です。**

幸せになることは、運気が減ることとさえ怖れなければ簡単に出来ます。宝くじでも億円単位で当てることができます。けれど、当せん後に不幸になり苦しみます。

幸せな結婚相手が見つかりました。けれど、新婚旅行中に死にました。宝くじで6億円当たりました。銀行で換金《かんきん》してもらって、6億円の通帳を持って家に帰る途中に交通事故で死にました。そういう方法は正しい開運法と言えるのでしょうか？

想念術や引き寄せの法則を、密教等の宗教と組み合わせれば、読者が望む開運結果だけならすぐに出せます。霊界さえ作り出せば、あなたの望む結果はやってきます。しかし、それは魔術です。あなたの末路《まつろ》は120%、不幸になるのです。

念力による願望成就は、難しいことではありません。**永続する願望成就には、神仏、守護霊の正しい働きを理解する必要があるのです**。神仏の正しい働きを理解するには、学徳《がくとく》と神仏の守護が必要です。この本に書いたことは、密教や日蓮《にちれん》の一念三千《いちねんさんぜん》の知識があれば、誰でも思いつく方法です。高僧なら誰でもできる方法です。高僧は、「やれない」のではなく、「やらない」のです。願望成就法で一番難しいのは、願望を叶えることではありません。運気が減る量がわからないことです。

また、**普通に念力で願望成就するド根性があれば、良い学校に進学し、良い仕事に就き、幸せな結婚をしているはずです**。ですから、スキルアップして幸せになれない人は、念力が弱いのです。高学歴な人は、意志力が強いので成功するのです。高学歴な人も、大学を卒業した後に努力を続けなければ、もっと努力をしている人達に追い越されます。城山三郎の『官僚たちの夏』や山崎豊子の『白い巨塔』を読めば、難関大学卒業後の熾烈《しれつ》な競争が理解できます。そして、能力の無駄遣いをしているなあという感想を抱《いだ》くはずです。官僚が局長になったり、学者が大学教授になることは努力をすれば可能です。けれど、事務次官になれるか、母校の教授になれるかは運です。大企業の部長になる人は優秀な人です。ただし、社長や取締役になれるかは運です。善徳の絶対量の勝負です。

片想いの異性との縁を結んで欲しいという私への相談は、私が小学校5年生の時からありました。結ぶだけで良いのなら、私の強力な念力で縁を結ぶことは可能です。結ぶだけなら、恋愛は念力が強い方が勝つので、神仏に祈らなくても念力で縁結びをすることが出来るのです。ただし、結んだ相手と幸せになれるのかは別次元の問題です。

念力で宝くじを当てたり、資金運用を成功させ億万長者になることは可能です。ただし、善徳を消費するのですぐに死ぬのです。

著名人や政財界人、歴史上の偉人でも、出来の悪い子供や孫のことで苦しんでいる人は多くいます。なぜなら、親の代で家の善徳を使い切り、子孫に善徳が残っていないので、おかしな子孫が生まれてきて苦しむのです。

あなたの善徳は、両親、祖父母が世の中のために積んだ徳を子孫の数で割った分しかありません。祖父母と両親がどれくらいの人を幸せにしたかがあなたの善徳です。あなたの前世の善徳の量は祖父母、両親、曾おじいさん、曾《ひい》おばあさんが何をやったかをみればわかります。先祖の善徳があるということは、あなたの前世にも善徳があるのです。そして、その善徳を使い切ることなく、増やして子孫と来世に持ち越すことこそ真の開運術ではないでしょうか。

出世をしたり、社会に認められて成功するということは、善徳を換金《かんきん》して使うということです。善徳はお金と同じで、使えば減ります。

子孫や来世のことを考えて、善徳を大量に積み、ほどほどに使って幸せになることが大事なのです。

読者の皆さんの熱烈な応援があり、『大開運』、『大幸運』、『あなたもなれるライト・スピリチュアリスト入門』、『先祖供養で運勢アップ！』に続き、絶対に大開運するシリーズ5冊目の本書を出版することが出来ました。ありがとうございます。

林　雄介

著者略歴　**林 雄介**（はやし・ゆうすけ）

ラッキー・スピリチュアリスト。ライト・スピリチュアリスト養成塾代表。天使の養成学校校長。**キャリア官僚出身の作家・評論家**。宇宙随一《ずいいち》の運命改善法である開運蓄運学の大家。スピリチュアル、神道、仏教、東洋哲学と想念術を融合させた究極の開運法である蓄運開運法を発見。万民の願望を実現させてきた確かな実績により、全国の老若男女の読者にとどまらず、多くの政財界人、マスコミ、宗教家、占い師やスピリチュアリストからも、たくさんの相談が持ち込まれている。

早稲田大学政治経済学部卒、早稲田大学大学院（経済学修士）。大学在学中に国家公務員I種試験に合格し、農林水産省生産局で競馬監督課、食肉鶏卵課、飼料課等で国会答弁、法律案、予算案、質問主意書等を担当。全国自治体の知事や市町村長・議員、国会議員等の政策ブレーン、大手TV局や週刊誌の監修等、マスコミのブレーンも歴任。

受験&就職指導、昇進試験&資格試験指導、地域振興から裏選対の選挙参謀、恋愛相談

から宗教法人や占い師、スピリチュアル教室等の運営相談まで、小さなことから大きなことまで幅広く何でも、手がけているオールマイティーの文化人である。

主著・『大開運』、『大幸運』、『あなたもなれるライト・スピリチュアリスト入門』、『先祖供養で運勢アップ！』、『読むだけで神になれる本』（5冊とも青林堂）、『魔法の経済学』、『スキルアップ経済学超入門』（2冊とも翔雲社）、『霞ヶ関の掟・官僚の舞台裏』（日本文芸社）、『省庁のしくみがわかると政治がグンと面白くなる』、『図解雑学・よくわかる政治のしくみ』、『図解雑学・よくわかる省庁のしくみ』（3冊ともナツメ社）、『絶対わかる法令・条例実務入門』、『絶対スキルアップする公務員の勉強法』、『公務員の教科書（算数・数学編）』、『ニッポンの農業』、『政治がわかる・はじめての法令・条例・政策立案入門』（5冊ともぎょうせい）、『政治と宗教のしくみがよくわかる本』、『宗教で得する人、損する人』（2冊ともマガジンランド）、『この通りにすれば受験にうかる！』（たちばな出版）他、政治・法律・経済・宗教・心理学・受験分野の著書多数。

○林雄介のアメブロ：https://ameblo.jp/yukehaya22

〇林雄介のライブドア・ブログ：http://blog.livedoor.jp/yukehaya/
〇林雄介のＦＡＣＥＢＯＯＫ：https://www.facebook.com/yukehaya
〇林雄介のＬＩＮＥ：（青林堂に手紙でＬＩＮＥアドレスを送ってください。登録します）

その他の林雄介のツイッター、音声配信等の大量にある情報発信源はブログ、ＦＢ等でご確認ください。なりすまし防止のため、相互リンクさせてあります。

○林雄介による特別大開運祈祷、悪霊祓い修法（応募者全員プレゼント）&相談券読者プレゼント

本書を買ってくださった方に、抽選で林雄介の開運神霊ミニ色紙や開運一言アドバイスをプレゼントします。

毎年、6月1日、12月1日締切りで半年に1回ずつ、この本が絶版になるまでプレゼントは続けます。

A賞は、真心で祈れば神仏や龍等の不思議な何かが守護してくれるミニ守護色紙で毎回1名当選です。

B賞は、林雄介の開運一言アドバイスで毎回5名当選です。

当選者には、郵送で送ります。私が住所を書くので、郵便番号を忘れずに書いてください。毎回、郵便番号を書いていない人の番号を調べる手間に心が折れます。

さらに応募者全員プレゼントで、応募者全員の願い事を林雄介が直接、開運祈祷、悪霊&生霊祓い祈祷をします。

応募方法は、応募券を手紙に貼り、相談や祈祷願いを細かく書いて封書（書留やレターパック・プラス、宅配便等での送付は出版社のご迷惑になるのでご遠慮ください）で、〒150－0002、東京都渋谷区渋谷3－7－6　株式会社・青林堂「読むだけで神になれる本　林雄介先生御相談係」まで送ってください。読者の個人情報を守るためにハガキの応募から封書の応募に変えました。著者本人が開封し、著者しか読みません。封書に名前すら書いていないと、安全のため開封せずに破棄する可能性がありますのでご協力をお願いいたします。

あなたの顔写真を使い、開運祈祷、悪霊《あくりょう》＆生霊《いきりょう》祓《ばら》いをやらせていただきます。写真は裏に名前を書いてください。住所と名前は何回も読み上げて祈祷するので必ずフリガナを書いてください。（写真とお手紙は祈祷終了後、完全に破棄《はき》します。数十冊かそれ以上購入者の方で希望者のみ住所と名前を定期祈祷用紙に残しますが、それ以外の方の住所や氏名は破棄します）

1、氏名（フリガナ）。2、郵便番号と住所（フリガナ）。3、年齢、生年月日。4、性別（書かなくても可）。５、メール・アドレスとＬＩＮＥアドレス（ＱＲコードか登録可能なＬＩＮＥのＩＤを送ってください）。６、Ａ賞またはＢ賞の希望するもの。７、祈祷内容（何をどうすれば良いのかをなるべく具体的に書いてください）。**手紙は、全て林雄介が目を通し、生霊《いきりょう》・邪霊《じゃれい》・悪霊祓《あくりょうばら》いと超開運祈祷《きとう》を行います。**８、著者への相談（林雄介へのご相談も書いてくだされば読みます）。

応募者が多すぎるので、手紙やメールで相談に回答するのは不可能です。**お返事はＬＩＮＥのトークで音声録音して送ります。**

ただし、ＬＩＮＥで読者と個別のやり取りはしておりませんのでご了承ください。

ＬＩＮＥは、本ごと、購入冊数ごとにグループがあります。便宜上、グループに登録しますが、通知オフにして、無理に話を聞く必要はありません。ＬＩＮＥで話しかけられると祈祷や仕事の邪魔になるので全員ブロックして話しかけられないようにしてあります。また、グループに許可なく書き込むとグループから退会していただきます（再度、手紙をくだされば再登録します）。

なるべく多くの方のご相談にお答えしたいので、ＬＩＮＥトークの音声で個別に返事をし、あとはグループに登録すると購入冊数に応じて、非公開セミナーや特別祈祷会、グループ別LINEミーティング等に参加できます。

林雄介の開運本、『大開運』、『大幸運』、『あなたもなれるライト・スピリチュアリスト入門』、『先祖供養で運勢アップ！』、『読むだけで神になれる本』は青林堂通販から購入することが出来ます。

青林堂通販では、購入者へのお礼の直筆アドバイスカードや開運カード、開運ミニ仏像等がきまぐれについてきます。（詳しくは著者のブログ等でご確認ください。１００冊まで同じ本を購入することが出来ます。１００冊以上、購入希望の方は備考に「５００冊」、「1千冊」のように希望冊数を書いてくだされればお送りします）

青林堂通販、「林雄介の開運本シリーズ販売」

○ http://japanism.cart.fc2.com/?ca=12

著者略歴

林雄介・「読むだけで神になれる本」・応募券1口

読むだけで神になれる本

令和5年7月23日　初版発行

著　者　　林 雄介
発行人　　蟹江幹彦
発行所　　株式会社　青林堂
〒150-0002　東京都渋谷区渋谷3-7-6
電話　03-5468-7769
装　幀　　(有)アニー
印刷所　　中央精版印刷株式会社

Printed in Japan

ISBN978-4-7926-0746-3

あなたもなれる
ライト・スピリチュアリスト入門

林　雄介

読むだけで、幸運になれる奇跡の本。世界一簡単な開運スピリチュアル入門！
神仏に祈るだけでは幸せは訪れない。
現実世界での努力があなたを幸運に導き、霊感がなくとも誰でもスピリチュアリストになれる。

第１章 幸せになるための運命の法則を知ろう
第２章 あなたは幸運体質？ 不幸体質？
第３章 出来る事から始める超開運生活
第４章 あなたを不幸にする悪霊、あなたを幸せにする守護霊
第５章 人間関係、結婚運、仕事運、金運をスピリチュアルで改善する秘伝
第６章 ライト・スピリチュアリストになればあなたは幸せになれる

定価 1600 円（税抜）